U0553447

时习文库

战国策选

〔汉〕刘向 编订
贺德扬 刘炎 译注

齐鲁书社
·济南·

图书在版编目（CIP）数据

战国策选/（汉）刘向编订；贺德扬，刘炎译注.
济南：齐鲁书社，2025.5. —— ISBN 978-7-5333-5125
-0

Ⅰ.K231.04
中国国家版本馆CIP数据核字第2025K3N177号

出品人：王　路
项目统筹：张　丽
责任编辑：王江源
装帧设计：亓旭欣

战国策选
ZHANGUOCE XUAN

〔汉〕刘向　编订　贺德扬　刘炎　译注

主管单位	山东出版传媒股份有限公司
出版发行	齐鲁书社
社　　址	济南市市中区舜耕路517号
邮　　编	250003
网　　址	www.qlss.cn
电子邮箱	qilupress@126.com
营销中心	（0531）82098521　82098519　82098517
印　　刷	山东临沂新华印刷物流集团有限责任公司
开　　本	710mm×1000mm　1/16
印　　张	17.5
插　　页	2
字　　数	160千
版　　次	2025年5月第1版
印　　次	2025年5月第1次印刷
标准书号	ISBN 978-7-5333-5125-0
定　　价	68.00元

《时习文库》专家委员会

主　　任：杜泽逊

成　　员：（以姓氏笔画为序）

　　　　　王承略　韦　力　方笑一　杨朝明

　　　　　张志清　罗剑波　周绚隆　徐　俊

　　　　　程章灿　廖可斌

《时习文库》
出版委员会

主　　任：王　路
副 主 任：赵发国　吴拥军　张　丽　刘玉林
成　　员：（以姓氏笔画为序）
　　　　　于　航　王江源　亓旭欣　孔　帅
　　　　　史全超　刘　强　刘海军　许允龙
　　　　　孙本民　李　珂　李军宏　张　涵
　　　　　张敏敏　周　磊　赵自环　曹新月
　　　　　裴继祥　谭玉贵

出版说明

文化乃国本所系,国运所依;文化兴盛则国家昌盛,民族强大。在源远流长的中华文化长河中,经典古籍宛如熠熠星辰,承载着先辈们的智慧、思想与情感,是中华民族精神内核的深厚积淀。

2017年以来,中共中央办公厅、国务院办公厅相继出台《关于实施中华优秀传统文化传承发展工程的意见》及《关于推进新时代古籍工作的意见》等重要文件,有力推动了大众对中华优秀传统文化的关注与重视,古籍事业亦借此良好契机,迎来了前所未有的跨越发展,步入了一个崭新的黄金时代。齐鲁书社作为文化传承的重要阵地,始终秉持对中华优秀传统文化的敬畏之心,肩负守正创新之使命,积建社四十余年之精华,汇国内学界群贤之伟力,隆重推出中华经典名著普及丛书——《时习文库》。

"学而时习之,不亦说乎?"文库之名,正是源自《论语》的这句经典语录。"时习"不仅是对知识的反复学习与实践,更是一种对中华优秀传统文化持续探索、深入理解的态度。文库共分为文化类和文学类两大辑,囊括了经史子集、诗词歌赋、戏曲小说等诸多经典,旨在为读者搭建一座通往中国古代文化瑰宝的坚实桥梁。文库的编纂宗旨在于,引导读者在阅读经典著作的过程中,将学习与思考深度融合,不断从古人的智慧海洋中汲取营养,从而得到心灵的润泽与智慧的启迪。通过对经史子集、诗词歌赋、戏曲小说等多元内容的系统整理与精良审校，让中华古籍真正成为可亲、可读、可传的"活的文化"。

为了确保文库的品质，我们除升级广受好评的原有经典版本作为开发基础外，亦精选其他优质底本，以确保版本选择的卓越性；文库会聚文史学界权威，如高亨、陆侃如、王仲荦、来新夏等学界大家，群贤毕至，各方咸集；文库延聘名家成立专家委员会，严格把控丛书质量，确保学术水准；文库针对不同层次读者，精心设计文化类与文学类品种：前者左原文右译文下注释，后者文中加简注评析，实用性强；文库采用纸面布脊精装，正文小四号字，双色印刷，装帧精美，版面舒朗，典雅大方，方便易读。

在习近平文化思想指导下，《时习文库》的出版是对中华优秀传统文化"两创""两个结合"的一次重要尝试。我们希望通过这套文库，让更多的人了解和喜爱中国古代典籍，让中华优秀传统文化在新时代焕发出新的生机与活力。同时，我们也期待广大读者在阅读文库的过程中，能够与古圣先贤进行跨越时空的对话，汲取智慧，启迪心灵，不断提升自我的文化素养和精神境界。让我们一起在经典的海洋中遨游，感受中华文化的博大精深，共同书写中华优秀传统文化传承与发展的新篇章。

齐鲁书社

2025 年 3 月

前　言

《战国策》简称《国策》，原作者已不可考，相传是根据当时各国策士或史官的笔录汇集而成的，起初有《国策》《国事》《事语》《短长》《长书》《修书》等名称和本子。

战国时期，社会动荡不安，各国之间纷争不断，政治、军事、外交等活动频繁。在这样的时代背景下，涌现出了大量记载各国政治、军事、外交活动以及策士们游说言论的史料和记录。这些资料原本分散在不同的地方，没有经过统一编纂和整理，形式和内容也各不相同，有的甚至相互矛盾、残缺不全。西汉时期，皇室重视文化典籍的收集与整理。汉成帝刘骜有感于当时典籍散乱，遂命光禄大夫刘向负责校勘整理皇家藏书。刘向在整理这些藏书时，发现了一批战国时期的史料，其中包含了许多策士的言论和事迹。这些资料虽然内容丰富，但杂乱无章，不成体系。刘向凭借着自己深厚的学识和严谨的治学态度，对这些资料进行了精心编订整理，以这类书中"有国别者八篇"为基础，加以补充，删去重复，分为东周、西周、秦、齐、楚、赵、魏、韩、燕、宋、卫、中山十二国，共三十三卷，定名为《战国策》。湖南长沙马王堆出土的西汉帛书，记述战国时事，定名《战国纵横家书》，与本书内容相似。

《战国策》是一部战国时代的国别史料汇编，同时也是一部历史散文总集，主要记载了战国时期谋臣策士纵横捭阖的政治活动及与之有关的谋议和辞说，保存了战国时期的很多重要资料，是研究我国古代历史的一部重要文献。其中，策士们的游说活动是全书的核心内容。他们凭借着非凡的智慧与卓越的口才，穿梭于各国之间，用自己的谋略影响着各国的决策，进而改变政治格局。比如苏秦，起初游说秦王连横不成，落魄而归，但他并未气馁，发愤苦读，最终以合纵之术成功游说六国，佩戴六国相印，名震一时；张仪则以连横之策，瓦解合纵联盟，助力秦国逐步强大。这些故事不仅生动地展现了策士们的风采，也反映出战国时期复杂多变的局势。书中歌颂了一些侠义之士的优良品质，如主张"士贵耳，王者不贵"的颜斶，具有"民贵君轻"思想的赵威后，为人排难解纷的鲁仲连，敢于反抗强暴的唐雎。但是，作者过分夸大了谋臣策士在历史上的作用，而且对他们猎取功名富贵的行为津津乐道，对某些阴谋权诈也加以肯定。

《战国策》不仅是先秦的一部历史书籍，也是一部有重要地位的文学著作。谋臣策士不仅运用形形色色的比喻和寓言说明抽象事理，并且在一些游说之词中运用排比、夸张等手法，语言生动形象，富有感染力，无论是个人陈述还是双方辩论，都具有极强的说服力。书中大量运用寓言、譬喻，如"狐假虎威""画蛇添足""南辕北辙"等，这些寓言故事生动有趣，又蕴含着深刻的道理，让读者在轻松阅读中获得启示。书中故事情节曲折动人，具有后世历史小说的特点。作者刻画人物注意选择具有特征性的细节进行渲染夸张，如在秦策一《苏秦始将连横说秦惠王曰》中，描写苏秦先颓丧而后得意的情状惟妙惟肖。这种文章的风格，对于我国散文的发展具有很大的影响，为后世的古文家所取法。另外，作者善于通过波澜起伏的情节、个性化的言语以及传神的形态和细节来塑造人物形象，使书中的人物栩栩如生，跃然纸上。例如"荆轲刺秦王"

的故事，对荆轲易水送别时的慷慨悲壮进行了细致入微的描写，让荆轲英勇无畏和视死如归的形象深入人心。

本书选文以具有文学性的作品为主，对于记述战国时期重大事件或著名人物的篇章，也适当选入，如《知伯帅赵、韩、魏而伐范、中行氏》《濮阳人吕不韦贾于邯郸》等。本书在译注过程中参考了通行的优良排印本，综合各家之所长，以保证原文精良准确。

本书由贺德扬编选注译，刘炎对注释和译文进行了修订。在注释和翻译过程中不可避免地会出现某些疏漏和错误，我们诚恳地期待着专家或读者的批评指正。

目 录
CONTENTS

001 | 前 言

001 | **秦　策**

003 | 苏秦始将连横说秦惠王曰（秦策一）
014 | 司马错与张仪争论于秦惠王前（秦策一）
020 | 陈轸去楚之秦（秦策一）
024 | 楚绝齐（秦策二）
027 | 秦武王谓甘茂曰（秦策二）
032 | 甘茂亡秦且之齐（秦策二）
036 | 范雎至秦（秦策三）
048 | 范雎曰（秦策三）
052 | 濮阳人吕不韦贾于邯郸（秦策五）
059 | 文信侯欲攻赵以广河间（秦策五）

065 | **齐　策**

067 | 靖郭君将城薛（齐策一）
069 | 邹忌修八尺有余（齐策一）
073 | 昭阳为楚伐魏（齐策二）
076 | 孟尝君将入秦（齐策三）

079	孟尝君有舍人而弗悦（齐策三）
081	齐欲伐魏（齐策三）
083	齐人有冯谖者（齐策四）
092	齐宣王见颜斶曰（齐策四）
100	先生王斗造门而欲见齐宣王（齐策四）
104	齐王使使者问赵威后（齐策四）
107	齐人见田骈曰（齐策四）
109	田单将攻狄（齐策六）

113	**楚　策**
115	荆宣王问群臣曰（楚策一）
117	威王问于莫敖子华曰（楚策一）
126	苏秦之楚（楚策三）
128	魏王遗楚王美人（楚策四）
131	庄辛谓楚襄王曰（楚策四）
139	有献不死之药于荆王者（楚策四）
141	天下合从（楚策四）
143	汗明见春申君（楚策四）
147	楚考烈王无子（楚策四）

155	**赵　策**
157	知伯帅赵、韩、魏而伐范、中行氏（赵策一）
167	秦攻赵于长平（赵策三）
176	秦围赵之邯郸（赵策三）
188	客见赵王曰（赵策四）
191	赵太后新用事（赵策四）

197	**魏 策**
199	庞葱与太子质于邯郸（魏策二）
201	梁王魏婴觞诸侯于范台（魏策二）
204	魏王欲攻邯郸（魏策四）
206	秦王使人谓安陵君曰（魏策四）
211	**韩 策**
213	申子请仕其从兄官（韩策一）
215	韩傀相韩（韩策二）
225	**燕 策**
227	燕昭王收破燕后即位（燕策一）
232	苏秦为燕说齐（燕策二）
234	昌国君乐毅为燕昭王合五国之兵而攻齐（燕策二）
245	赵且伐燕（燕策二）
247	燕太子丹质于秦（燕策三）

秦策

苏秦始将连横说秦惠王曰（秦策一）

题 解

本篇并没有全面记述苏秦的一生，而是选取其赴秦受挫、发愤读书、游说赵王、位极人臣以及家人前倨后恭几个典型情节，构成大悲大喜、冷热悬殊的曲折故事，展现了这位著名纵横家的独特经历与个性。作者善于排比夸张、铺陈渲染，语言流畅生动，人物形象鲜明，是一篇颇有影响的文学作品。典故（或成语）"苏秦刺股""阴符发箧""季子多金""毛羽未丰""桑户棬枢"等均出自本篇。

【原 文】

苏秦始将连横说秦惠王曰①："大王之国，西有巴、蜀、汉中之利②，北有胡、貉、代、马之用③，南有巫山、黔中之限④，东有肴、函之固⑤。田肥美，民殷富⑥，战车万乘，奋击百万⑦，沃野千里，蓄积饶多⑧，地势形便⑨，此所谓天府，天下之雄国也⑩！以大王之贤，士民之众，车骑之用，兵法之教⑪，可以并诸侯，吞

【译 文】

苏秦起初用连横的策略去游说秦惠王说："大王的国家，西边有巴、蜀、汉中的丰饶物产，北边有胡、貉、代、马的资财，南边有巫山、黔中作为屏障，东边有崤山、函谷关那样的险要关塞。土地肥美，人民富足，兵车万辆，勇士百万，沃野千里，储备丰富，地势优越，便于攻守，这真是所谓的天然府库，确实是天下的强国呀！凭着大王的贤能，习武的人众多，驾驶车马的熟练，兵法的讲习，完全可以吞并诸侯，统一天下，称帝而治。

天下，称帝而治。愿大王少留意，臣请奏其效⑫。"

希望大王稍加留意，请让我向您陈述如何可以取得重大效果。"

注 释

❶苏秦：战国东周洛阳（今河南洛阳东）人，字季子，著名纵横家。连横：随从强国去进攻其他弱国，称为"连横"；弱国联合进攻强国，称为"合纵"。说（shuì）：劝说。秦惠王：秦孝公之子，公元前337—前311年在位。名驷。

❷巴：地名。在今重庆一带。蜀：地名。在今四川中部。汉中：地名。在今陕西南部及湖北西部。利：利益。此指丰饶的物产。

❸胡、貉：地名。在今内蒙古自治区南部。代、马：地名。在今山西东北部。用：指可用之物。

❹巫山：山名。在今重庆巫山东。黔中：郡名。在今湖南西部及贵州东北部。当时两地尚未属秦。限：险阻。此指险要之地。

❺殽：一作"崤"，山名。在今河南洛宁北。函：函谷关。在今河南灵宝东北。

❻殷：富。

❼乘（shèng）：古代称四马一车为一乘。奋击：奋勇作战的战士。

❽蓄积：蓄积的物资。

❾形便：地形便于攻守。

❿天府：指自然条件优越、物产富饶的地方。雄：强而有力。

⓫以：凭借。士民：此指习武的人。用：使用。此指熟练驾驭车马。教：训练，学习。

⓬奏：臣子对君主进言。

【原文】

秦王曰："寡人闻之①，毛羽不丰满者，不可以高飞；

【译文】

秦惠王说："我听说，羽毛长得不丰满的鸟儿，不可以高飞；法令不完备的

文章不成者②，不可以诛罚；道德不厚者，不可以使民③；政教不顺者，不可以烦大臣。今先生俨然不远千里而庭教之，愿以异日④。"

国家，不可以用刑罚；道德不高尚的人，不可以役使百姓；政教不上轨道的君主，不可以劳烦大臣。今天先生不远千里，郑重地登廷赐教，我看还是改日再讨教吧。"

注释

① 寡人：国君自称的谦辞。
② 文章：指法令。
③ 使：役使。
④ 俨然：庄严的样子。庭：通"廷"。异日：改日。

【原文】

苏秦曰："臣固疑大王之不能用也①。昔者神农伐补遂②，黄帝伐涿鹿而禽蚩尤③，尧伐驩兜④，舜伐三苗⑤，禹伐共工⑥，汤伐有夏⑦，文王伐崇⑧，武王伐纣⑨，齐桓任战而伯天下⑩。由此观之，恶有不战者乎⑪？

【译文】

苏秦说："我本来就料定大王不会采纳我的主张。从前神农氏讨伐补遂，黄帝在涿鹿之战擒获蚩尤，唐尧讨伐驩兜，虞舜讨伐三苗，夏禹攻打共工，商汤灭夏桀，周文王灭崇侯虎，周武王灭殷纣，齐桓公以武力称霸天下。由此看来，哪有不用武力的呢？

注释

① 固：本来。
② 神农：传说中的古代帝王，即炎帝。补遂：古部落名。
③ 黄帝：传说中中原各族的共同祖先。姬姓，号轩辕氏、有熊氏。涿鹿：地

名。在今河北涿鹿西南。禽：通"擒"。蚩尤：相传是黄帝时东方九黎族首领，极凶残，黄帝与之战于涿鹿之野，擒而杀之。

❹尧：传说中的部落联盟领袖，史称唐尧。驩（huān）兜：相传为尧的大臣。

❺舜：传说中的部落联盟领袖，史称虞舜。三苗：古部族名，亦称有苗。《史记·五帝本纪》载其地在江、淮、荆州（今河南南部至湖南洞庭湖、江西鄱阳湖一带）。

❻禹：亦称"大禹""夏禹""戎禹"。夏朝建立者。共工：传说中的部落联盟领袖。

❼汤：商朝的开国之君。有夏：夏朝。此指夏末君主桀，桀无道，汤举兵灭之。

❽文王：周文王，姬姓，名昌，商末诸侯，称西伯。崇：商的与国。在今陕西西安市鄠邑区东。至崇侯虎时，为周文王所灭。

❾武王：周武王姬发，文王之子。武王率诸侯灭商，建立周朝。纣：商纣王，商末君主。

❿齐桓：姜姓，名小白，"春秋五霸"之一，曾多次率师征伐诸侯。任：用。伯：通"霸"。

⓫恶：哪里。

【原文】

"古者使车毂击驰①，言语相结，天下为一；约从连横，兵革不藏②；文士并饬，诸侯乱惑③；万端俱起，不可胜理④；科条既备，民多伪态⑤；书策稠浊，百姓不足⑥；上下相

【译文】

"古时候各国互派使臣，使者的车辆往来不断，彼此凭言语相约，想让天下结为一体；后来不是搞连横，就是讲合纵，结果还是不能刀枪入库；文士们争相巧饰辞令，诸侯们茫然不知所从；各种矛盾不断产生，令人难以清理；法令条例愈完备，欺诈行为愈多；文书政令愈纷繁，百姓愈穷困；君臣相互怨恨，百姓无以为生；尽

愁，民无所聊⑦；明言章理，兵甲愈起⑧；辩言伟服⑨，战攻不息；繁称文辞，天下不治⑩；舌弊耳聋⑪，不见成功；行义约信⑫，天下不亲。于是乃废文任武⑬，厚养死士⑭，缀甲厉兵⑮，效胜于战场⑯。夫徒处而致利，安坐而广地⑰，虽古五帝、三王、五伯、明主贤君⑱，常欲坐而致之，其势不能，故以战续之⑲。宽则两军相攻，迫则杖戟相橦，然后可建大功⑳。是故兵胜于外㉑，义强于内；威立于上，民服于下。今欲并天下，凌万乘㉒，诎敌国，制海内㉓，子元元，臣诸侯，非兵不可㉔。今之嗣主忽于至道㉕，皆惛于教，乱于治㉖，迷于言，惑于语，沉于辩，溺于辞㉗。以此论之，王固不能行也。"

尽管策士们把道理讲得明明白白，战争仍然不断爆发；尽管策士们身着盛装，满口高论，但战争仍不能止息；尽管文士们称引繁富、辞令华美，但天下仍不得太平；尽管言者舌敝，听者耳聋，但仍不见什么成效；尽管天下之人声扬仁义，以诚信相约，但仍不能和睦相亲。在这样的形势下，只得废弃文治，采用武力，以优厚的待遇收养敢死之士，缝制战衣，磨锐兵器，要在战场上战胜敌人。照此看来，想无所事事而获利，安坐朝中而开拓疆土，即使从前的五帝、三王、五霸及贤明的君主，想要实现这样的愿望，在那种情势下也是办不到的，最后只有靠战争解决问题。在宽阔的地方两军相互攻打，逼近时就短兵相接，总之要战胜对方才能建立大的功业。所以说，对外要靠战争取胜，对内要靠讲求道义加强统治；国君的权威树立了，百姓自然就会顺从。当今如果想要吞并天下，超越大国，战胜敌国，制服海内，抚育万民，使诸侯称臣，非用武力不可。可惜当今的国君忽视了这一重要的道理，他们不明白怎样教化百姓，不懂得如何治理国家，为花言巧语所迷惑，沉溺在巧辩的言辞之中。由此可见，大王是一定不会采纳我的主张的。"

注 释

❶车毂击驰：指来往车辆很多，相互摩擦撞击。毂，车轮中心有圆孔的圆木，内以贯轴，外以承辐。

❷兵革：泛指军备。藏：收藏。

❸并：一起，一并。饬：通"饰"，指巧饰辞令。惑：疑惑。

❹胜：尽。

❺科条：法令条例。备：完备。伪态：此指奸诈。态，通"慝"（tè），欺诈。

❻书策：此指文书政令。稠浊：繁多而杂乱。不足：指穷困。

❼上下：指君臣。愁：怨恨。聊：依靠。

❽明：清楚，明白。章：通"彰"，与"明"同义。兵甲：指战争。起：发生。

❾伟：奇异。

❿称：称引。文：文雅的辞令。治：治理得好。

⓫舌弊耳聋：言者磨破了舌头，听者的耳朵因之而聋，形容议论多而杂。

⓬约信：以诚信相约。

⓭乃：就。文：指文治，即用非暴力的手段加以治理。任：用。

⓮厚：指优厚的待遇。

⓯缀：连。甲：古代战士的护身衣，以金属片或皮革连缀而成。厉：通"砺"，磨。

⓰效：致，取得。

⓱徒：空。处：指闲着。广：开拓。

⓲五帝：传说中的上古帝王，一般指黄帝、颛顼（zhuānxū）、帝喾（kù）、唐尧、虞舜。三王：夏、商、周三代的开国之君，一般指夏禹、商汤、周文王和周武王。五伯：春秋时代的五个霸主，一般指齐桓公、晋文公、宋襄公、秦穆公、楚庄王。伯，通"霸"。

⓳故：所以。续之：继之于其后。续，继续，接续。

⓴杖：持。戟：古代兵器，装有枪尖和月牙形的锋刃。橦（chōng）：刺，击。功：功绩。

㉑是故：因此。

㉒并：吞并。凌：指超越，高出其上。万乘：指战争中能出万辆兵车，这是当时大国的兵力，因以"万乘"指大国。

㉓诎：通"屈"，屈服。制：控制。

㉔子：使……成为子民。元元：百姓。臣：使之称臣。兵：战争。

㉕嗣主：继位之君。至：最重要的。

㉖愲：通"惛"，糊涂。治：治国之道。

㉗沉、溺：陷入。

【原文】

说秦王书十上而说不行①。黑貂之裘弊②，黄金百斤尽，资用乏绝，去秦而归③。羸縢履蹻④，负书担橐⑤，形容枯槁⑥，面目犁黑⑦，状有归色⑧。归至家，妻不下纴⑨，嫂不为炊，父母不与言。苏秦喟然叹曰⑩："妻不以我为夫，嫂不以我为叔，父母不以我为子，是皆秦之罪也⑪。"乃夜发书⑫，陈箧数十⑬，得太公《阴符》之谋⑭，伏而诵之，简练以为揣摩⑮。读书欲睡，引锥自刺其股⑯，血流至足⑰。曰："安有说人主不能出其金玉锦绣、取卿相之尊者

【译文】

苏秦劝说秦王的书信呈递了多次，秦王始终没采纳他的主张。这时，他穿的黑貂皮衣穿破了，带的一百斤黄金也用完了，费用花光了，只好离开秦国回家去。他打着裹腿，穿着草鞋，背着书籍，挑着行囊，形容憔悴，脸色苍黑，脸上露出惭愧的神情。回到家里，妻子不下织机迎接，嫂子不给他做饭吃，父母不和他讲话。苏秦长叹一声说："妻子不把我看作丈夫，嫂子不把我看作小叔子，父母不把我看作儿子，这全是我苏秦的过错呀。"于是苏秦连夜拿出所有的藏书，摆出几十个书箱，找出姜太公著的兵书《阴符》，于是每天伏案诵读，并选择重要的地方反复揣摩。读累了，要打瞌睡时，他就赶紧拿过锥子猛扎自己的大腿，鲜血一直流到脚跟上。他说："哪里有游说列国君主却不能让他们拿出金玉锦绣、取得卿相高位的呢？"过了一

乎⑱?"期年⑲，揣摩成，曰："此真可以说当世之君矣。"

年，苏秦钻研有得，说："这下我定能说服各国在位的君主了。"

注 释

❶说：前一"说（shuì）"，劝说；后一"说（shuō）"，名词，犹言"主张"。

❷貂：一种哺乳动物，毛皮可做珍贵的衣料。裘：皮衣。弊：破。

❸资用：钱财。去：离开。

❹嬴：缠绕。滕：裹腿，绑腿布。屩（jié）：草鞋。

❺负：背着。橐：一种口袋。

❻形：身形。容：面容。枯：干枯。

❼犁（lí）黑：黧黑。

❽归：通"愧"。

❾纴：织机。

❿喟然：叹气的样子。

⓫以……为……：把……看作……是：这。秦：苏秦自称。

⓬乃：于是。发：出，指拿出。

⓭箧（qiè）：箱子。

⓮太公：周代齐国始祖。姜姓，吕氏，名望，字尚父，一说字子牙，西周初官太师（武官名），亦称"师尚父"。《阴符》：相传为吕尚所著的一部兵书。

⓯简：选择。练：熟习。揣摩：悉意探求，以合于本旨。

⓰睡：打瞌睡。引：拿。股：大腿。

⓱足：此指脚跟。

⓲安：疑问代词，怎么。出：使……出，即"让……拿出"。卿：春秋战国时期执政官的泛称。尊：尊位，高位。

⓳期（jī）：一周年。

【原文】

于是乃摩燕乌集阙,见说赵王于华屋之下①,抵掌而谈②。赵王大悦,封为武安君,受相印③,革车百乘、锦绣千纯、白璧百双、黄金万溢④,以随其后,约从散横,以抑强秦。故苏秦相于赵而关不通⑤。

【译文】

于是苏秦就来到燕乌集阙,在华丽的宫殿里拜见并游说赵王,谈得很投机。赵王非常高兴,就封他为武安君,授以相印,并赐他兵车百辆、锦绣千匹、白璧百对、黄金万镒到各国去游说,建立合纵联盟,瓦解连横阵线,以便共同对付强大的秦国。因此,苏秦在赵国做宰相时六国同秦国断绝了往来。

注释

❶乃:就。摩:迫近,走到。燕乌集阙:古关塞名。华屋:华丽的大屋。
❷抵掌:亦作"抵掌",击掌,表示高兴。
❸武安君:武安邑的封君。武安,在今河北武安西南。受:通"授"。
❹革车:兵车。纯(tún):匹。溢:通"镒",重量单位,二十两为一镒。一说二十四两。
❺关:函谷关。秦在函谷关西,六国在东。

【原文】

当此之时,天下之大,万民之众,王侯之威,谋臣之权,皆欲决苏秦之策①。不费斗粮,未烦一兵,未战一士,未绝一弦,未折一矢,诸侯相亲,贤于兄弟②。夫贤人在而

【译文】

当时,广大的天下,众多的百姓,威严的王侯,掌权的谋臣,都要听苏秦的指挥。没有耗费一斗粮食,没有动用一件兵器,没有出动一个兵士,没有拉断一根弓弦,没有折过一支箭,就使六国的国君互相亲爱,胜过兄弟。真是贤人在位就能使天下归顺,任用一个人才

天下服，一人用而天下从。故曰：式于政，不式于勇；式于廊庙之内，不式于四境之外③。当秦之隆，黄金万溢为用，转毂连骑，炫熿于道④，山东之国，从风而服⑤，使赵大重⑥。且夫苏秦特穷巷掘门、桑户棬枢之士耳⑦，伏轼撙衔⑧，横历天下⑨，廷说诸侯之王，杜左右之口⑩，天下莫之能伉⑪。

就能使天下的人顺从。所以说：能用政治解决的问题，就不必使用武力；能在朝廷处理好的事情，就不必拿到国外去解决。当苏秦尊显得志的时候，万镒黄金随他用，随从的车马络绎于途，声势显赫，崤山以东的国家闻风而服，赵国的地位大为提高。再说，苏秦不过是个出身低微的读书人，可是他却能驱车勒马，走遍天下，登廷游说各国君主，封住了国君左右的人的嘴巴，天下简直没有人能同他相抗衡。

注释

❶决苏秦之策：受苏秦的支配。

❷贤：胜过。

❸式：用。廊庙：指朝廷。廊，屋檐下的过道或独立有顶的通道。庙，太庙。

❹转毂连骑：意为车马络绎不绝。炫熿（huáng）：显耀。熿，通"煌"。

❺山东：指崤山以东。从风：比喻迅速附从。

❻重：威望高。

❼且夫：犹言"再说"。特：只，不过。掘门：凿窟为门。掘，通"窟"。棬（quān）枢：以弯树枝为门轴。

❽轼：车前横木，用以扶手。撙（zǔn）：勒住。衔：马嚼子。

❾历：行。

❿杜：阻塞。

⓫莫：犹言"没有谁"。伉：通"抗"，匹敌。

【原文】

将说楚王,路过洛阳①。父母闻之,清宫除道,张乐设饮,郊迎三十里②。妻侧目而视,倾耳而听③;嫂蛇行匍伏,四拜自跪而谢④。苏秦曰:"嫂何前倨而后卑也⑤?"嫂曰:"以季子之位尊而多金⑥。"苏秦曰:"嗟乎!贫穷则父母不子,富贵则亲戚畏惧⑦。人生世上,势位富贵,盖可忽乎哉⑧?"

【译文】

后来,苏秦要去劝说楚王,路过家乡洛阳。他的父母听到了这个消息,就赶忙收拾房屋,清扫道路,奏起音乐,备好酒席,全家出郊三十里去迎接他。妻子不敢正眼看他,细心地倾听他说话;嫂子像蛇一样地爬行,到了苏秦跟前,拜了四拜,跪在地上表示认错。苏秦说:"嫂子,你为什么先前那样倨傲而如今又这样低声下气呢?"他嫂子回答说:"因为您现在地位高而金钱多了啊。"苏秦感慨地说:"唉!贫困不得志的时候,连父母也不认自己为儿子,一旦富贵了,连亲人都敬畏自己。人生在世,对于权位和富贵,怎么能忽视呢?"

注释

❶洛阳:苏秦的家乡。

❷之:指苏秦要路过洛阳这件事。宫:住室。张、设:同义词,都有陈设的意思。

❸侧目:不敢从正面看,斜着眼看。倾耳:侧着耳朵,细心静听。

❹蛇行:爬行。匍伏:匍匐,伏地而行。谢:谢罪。

❺倨:傲慢。卑:卑恭。

❻以:因为。

❼穷:不得志。亲戚:亲属,指父母兄弟等。

❽盖:通"盍",怎么。忽:轻视。

司马错与张仪争论于秦惠王前（秦策一）

题 解

本篇记载了司马错同张仪就秦国的发展战略问题展开的一场争论。张仪主张"攻韩劫天子"、争"天下之市朝"；司马错则认为这样做徒得"恶名"而得不到实利，主张伐蜀，以便"广国""富民"。从当时的形势来分析，六国的力量还很强大，秦如攻韩劫周，势必会陷入与诸侯国的矛盾斗争中，是一种冒险的战略；而司马错的主张则是从充实国力的角度出发的，是一种积极稳妥的战略。双方的论辩针锋相对，语言遒劲爽利。

【原文】

司马错与张仪争论于秦惠王前①。司马错欲伐蜀②，张仪曰："不如伐韩③。"王曰："请闻其说④。"对曰："亲魏善楚⑤，下兵三川⑥，塞轘辕、缑氏之口⑦，当屯留之道⑧，魏绝南阳⑨，楚临南郑⑩，秦攻新城、宜阳⑪，以临二周之郊⑫，诛周主之罪⑬，侵楚、魏之地。周自知不救，九鼎宝器必出⑭。据九鼎，案图籍⑮，

【译文】

司马错同张仪在秦惠王面前争论。司马错主张攻打蜀国，张仪说："不如去攻打韩国。"秦惠王说："请让我听听你们的意见。"张仪回答说："我们先拉拢魏、楚二国，然后出兵三川，堵住轘辕、缑氏进出的通道，把守屯留之道，让魏国封锁南阳，让楚军进攻韩国都城南郑，我军攻打新城、宜阳，一直打到东、西二周的郊外，声讨二周君主的罪恶，占领三川之地。东、西二周自知不可挽救，一定会献出九鼎宝器。我们占有了九鼎，掌握地图和户籍等档案，挟

挟天子以令天下⑯，天下莫敢不听，此王业也⑰。今夫蜀，西辟之国⑱，而戎狄之长也⑲，弊兵劳众不足以成名⑳，得其地不足以为利。臣闻：'争名者于朝，争利者于市㉑。'今三川、周室，天下之市朝也，而王不争焉，顾争于戎狄㉒，去王业远矣㉓。"

制周天子，以他的名义号令天下，天下的诸侯自然没有一个敢不听从的，这是帝王的大业啊。如今的蜀国，只是西部偏僻的小国，又是戎狄的首领，损兵费力不足以成就帝王之名，得了蜀国的地盘也算不得什么利益。我听说：'争名要到朝中，争利要到市上。'如今三川、周室，才是天下的名利场呢，大王却不去争夺，反而争夺落后的地区，这就离统治天下的目标太远了。"

注释

❶司马错：秦将。张仪：战国时魏国人，惠王时任秦相。

❷蜀：国名。春秋中期，由杜宇氏统治，建立蜀国，都于郫（今成都市郫都区）。后禅位开明氏。迁都今成都，传12世。周慎靓王五年（前316）为秦所灭，置蜀郡。

❸韩："战国七雄"之一。疆域在今山西东南部和河南中部，介于魏、秦、楚三国间，为军事上必争之地。公元前230年为秦所灭。

❹说：主张。

❺善：友好，亲善。

❻三川：韩郡名。以境内有河（黄河）、雒（洛）、伊三川得名。辖境相当今河南黄河以南，灵宝以东的伊、洛流域和北汝河上游地区。

❼轘（huán）辕：古山名。在今河南偃师东南，接巩义、登封二市界。形势险阻，历代为控守要地。缑（gōu）氏：古地名，亦作"侯氏"。春秋周地。在今河南偃师东南，因山得名。地当伊洛平原东部，历为军事要地。

❽当：把守。屯留之道：指太行羊肠坂险道。屯留，韩地。

❾绝：断绝。南阳：地名。在今河南济源、孟州、沁阳一带。

❿南郑：韩地。在今河南新郑西。

⓫新城：韩地。在今河南伊川西南。宜阳：韩地。在今河南宜阳西北。

⑫二周：战国时的两个小国东周、西周。西周建都河南洛邑（今河南洛阳西），东周建都巩（今河南巩义西南）。

⑬诛：惩罚，声讨。周主：指二周之君。

⑭九鼎：九座鼎，古代的传国之宝，相传为夏禹所铸，成汤迁九鼎于商邑，周武王迁之于洛邑，秦攻西周（指赧王迁都后的西周），取九鼎，其一沉于泗水，余八无考。

⑮案：考察。图：地图。籍：指人口、税收的登记册。

⑯挟：挟制。令：号令。

⑰王业：帝王的事业，即统一天下，建立王朝。

⑱辟：通"僻"，偏僻。

⑲戎狄：古代中原人对西北少数民族的泛称。此指巴蜀一带的少数民族。长：首领。

⑳弊：疲惫，疲乏。

㉑朝：朝廷。市：集市。

㉒顾：反，反而。

㉓去：离开。

【原文】

司马错曰："不然①。臣闻之，欲富国者，务广其地②；欲强兵者，务富其民；欲王者，务博其德③。三资者备④，而王随之矣。今王之地小民贫，故臣愿从事于易⑤。夫蜀，西辟之国也⑥，而戎狄之长也⑦，而有桀、纣之乱⑧，以秦攻之，譬如使豺狼逐群羊

【译文】

司马错说："不对。我听说，想要国家富强，一定要开拓疆土；想要兵力强盛，务必使百姓富裕；想要称王，一定要博施恩德。这三项条件齐备了，自然就能称王了。现在大王的国土狭小，而百姓贫穷，所以我希望从容易的事做起。蜀国是西部偏僻的小国，又是戎狄的首领，国内还有类似夏桀、殷纣时的祸乱，我们去攻打蜀国，真像是赶着豺狼追逐羊群一样。占领蜀国的土地，能

也。取其地，足以广国也；得其财，足以富民；缮兵不伤众，而彼已服矣⑨。故拔一国，而天下不以为暴⑩；利尽西海，诸侯不以为贪⑪。是我一举而名实两符⑫，而又有禁暴正乱之名⑬。今攻韩劫天子⑭，劫天子，恶名也⑮，而未必利也，又有不义之名⑯，而攻天下之所不欲，危⑰！臣请谒其故⑱。周，天下之宗室也⑲；齐，韩、周之与国也⑳。周自知失九鼎，韩自知亡三川，则必将二国并力合谋㉑，以因于齐、赵，而求解乎楚、魏㉒。以鼎与楚，以地与魏㉓，王不能禁，此臣所谓危，不如伐蜀之完也㉔。"惠王曰："善，寡人听子。"

够扩大我们的领土；获取蜀国的财富，可以用来富足百姓；不会伤亡多少人，对方就已经驯服了。这样的话，灭掉一个国家，天下的人也并不认为我们残暴；取尽蜀国的财富，各国诸侯也并不认为我们贪婪。这就是说，我们用兵一次，却能名利双收，还博得了制止暴虐、平定叛乱的好名声。现在若去攻打韩国，胁迫天子，而威逼天子是个很坏的名声啊，未必能得到什么好处，倒落了个不义的名声，而攻打天下的人不让攻打的国家，是很危险的！请让我说明其中的理由。周是天下诸侯都尊崇的王室；齐国又是同韩、周结盟的国家。周自知要失去九鼎宝器，韩国自知要丢失三川，那么二国一定会同心协力，并且通过齐国和赵国，向楚国和魏国请求援救。周把九鼎送给楚国，韩国拿土地给予魏国，大王您是没法制止的，这就是我所说的危险，不如攻打蜀国稳妥。"秦惠王说："讲得好，我听你的。"

注释

❶然：是，对。

❷广：扩大。

❸王（wàng）：称王，统治天下。博：博施。

❹三资：指富国、强兵、博德。资，凭借，指条件。

❺故：所以。

❻夫：句首语气词。辟：通"僻"，偏僻。

❼长：首领。

❽桀、纣之乱：指苴、蜀相攻。蜀王封其弟于汉中，号苴（jū）侯，与巴国交好，而巴国是蜀的敌国；蜀王怒，伐苴。苴奔巴，求救于秦。

❾缮兵：整治军备。彼：指蜀国。

❿拔：攻克。暴：残暴。

⓫尽：全部取得。西海：指蜀国。贪：贪婪。

⓬我：我方。一举：指举兵一次。名实：指有"不贪""不暴"之名、"得地""得财"之实。

⓭禁：制止。正：平定。

⓮劫：威逼。天子：指周慎靓王，其在位期间，周室微弱，诸侯皆称王。

⓯恶：坏。

⓰义：指思想行为符合一定的标准。

⓱危：危险。

⓲谒：说。

⓳宗室：同一祖宗的贵族，特指国君或皇帝的宗族。

⓴与国：结盟的国家。

㉑并力：犹"协力"。

㉒因：凭借，通过。求解：请求解救。

㉓与：给予。

㉔完：完美，稳妥。

【原文】

卒起兵伐蜀①，十月取之，遂定蜀。蜀主更号为侯，而使陈庄相蜀②。蜀既属，秦益强富厚，轻诸侯③。

【译文】

秦国终于出兵攻打蜀国，用十个月就攻占了蜀国，平定了蜀乱。蜀国君主改称为侯，秦国又派陈庄去做蜀相。蜀国既已隶属秦国，秦国就更加强盛起来，更加不把各国诸侯放在眼里了。

注 释

❶卒：终于。

❷陈庄：秦臣。

❸既：已。属：隶属。轻：轻视。

陈轸去楚之秦（秦策一）

题 解

本篇写陈轸结合历史和现实中的人事，说明他现在投奔楚国，正是表明自己忠于秦国，从而使张仪对陈轸的中伤落空。秦王张口结舌，无可奈何。"楚人有两妻者"这一故事浅俗泼辣，别具一格。

【原文】

陈轸去楚之秦①。张仪谓秦王曰②："陈轸为王臣，常以国情输楚③，仪不能与从事④，愿王逐之⑤。即复之楚⑥，愿王杀之。"王曰："轸安敢之楚也⑦！"

【译文】

陈轸离开楚国来到秦国。张仪对秦惠文王说："陈轸做大王的臣下，常把国家机密泄露给楚国，我不能同这样的人共事，希望大王把他赶走。倘若陈轸再要回楚国去，希望大王杀掉他。"秦惠文王说："陈轸怎么敢到楚国去呢！"

注 释

❶陈轸：战国时人。往来于列国之间，权变多谋。初与张仪共事秦惠文王，不能相下。惠文王任张仪为相，他离去。去：离开。之：往，到。

❷秦王：指秦惠文王。

❸国情：国家实情。此指国家机密。输：传递，输送。

❹仪：张仪自称。与："与之"的省略，同他。从事：此指共事。

❺逐：驱逐。

❻即：倘若。复：再。
❼安：怎么。

【原文】

　　王召陈轸告之曰："吾能听子言，子欲何之①？请为子车约②。"对曰③："臣愿之楚。"王曰："仪以子为之楚④，吾又自知子之楚，子非楚，且安之也⑤？"轸曰："臣出，必故之楚⑥，以顺王与仪之策⑦，而明臣之楚与不也⑧。楚人有两妻者，人诽其长者，长者詈之⑨；诽其少者，少者许之⑩。居无几何⑪，有两妻者死。客谓诽者曰：'汝取长者乎⑫？少者乎？''取长者。'客曰：'长者詈汝，少者和汝⑬，汝何为取长者？'曰：'居彼人之所⑭，则欲其许我也。今为我妻，则欲其为我詈人也。'今楚王明主也⑮，而昭阳贤相也⑯。轸为人臣，而常以国情输楚王，王必不留臣，昭阳将不与臣从事矣。

【译文】

　　秦王召陈轸前来，告诉他说："我愿听你说说，你想要到哪国去？我可以给你准备车子。"陈轸回答说："我愿回到楚国去。"秦王说："张仪认为你想到楚国去，我自己现在也知道你要到楚国去，除了楚国，你还想到哪国去呢？"陈轸说："我离开秦国，一定要到楚国去，以便顺从大王和张仪的想法，这样来证明我私通楚国还是不私通楚国。楚国有个人娶了两个妻子，有人去勾引那一个年龄大的，挨了骂；又去勾引那个年龄小的，她答应了。过了不长时间，有两个妻子的那个人死了。有人对那勾引的人说：'现在你要娶那个年龄大的还是年龄小的呢？他说：'我愿娶那个年龄大的。'又问他：'年龄大的骂过你，年龄小的答应了你，你为什么要娶那个年龄大的呢？'这个人回答说：'给人家做妻子时，我自然是想要她答应我。现在成了我的妻子，就想要她替我骂别人。'现今楚王是贤明的国君，昭阳是有才德的国相。我做秦国的臣子，如果常把国家机密泄露给楚国，楚王一定不肯收留我，昭阳也将不会同我共事。我就要以此证明我

以此明臣之楚与不。"　　│　私通还是不私通楚国。"

注 释

❶ 子：你。此为对对方的尊称。何之：往哪里。

❷ 车约：当作"约车"，准备车子。

❸ 对：回答。

❹ 以……为：认为……是。

❺ 安：哪里，什么地方。

❻ 故：通"固"，一定。

❼ 策：计谋。此指想法。

❽ 不：通"否"。

❾ 誂（tiǎo）：引诱，调戏。詈（lì）：骂。

❿ 许：同意。

⓫ 无几何：指时间不长。

⓬ 取：通"娶"。

⓭ 和：答应。

⓮ 所：处所。

⓯ 楚王：指楚怀王。

⓰ 昭阳：楚国令尹。贤：有才德。

【原 文】

轸出，张仪入，问王曰："陈轸果安之①？"王曰："夫轸天下之辩士也②。孰视寡人曰③：'轸必之楚。'寡人遂无奈何也④。寡人因问曰：

【译 文】

陈轸出去以后，张仪又进来了，问秦王说："陈轸究竟要到哪国去？"秦王说："陈轸真是天下能言善辩的人。他目不转睛地注视着我说：'我一定要到楚国去。'我竟没法对付了。我就对他说：'你要是一定要到楚国去，那么张仪的话

'子必之楚也，则仪之言果信矣⑤！'轸曰：'非独仪之言也⑥，行道之人皆知之。昔者子胥忠其君，天下皆欲以为臣⑦；孝己爱其亲⑧，天下皆欲以为子。故卖仆妾不出里巷而取者⑨，良仆妾也；出妇嫁于乡里者⑩，善妇也。臣不忠于王，楚何以轸为忠？忠尚见弃，轸不之楚而何之乎⑪？'"王以为然，遂善待之。

果然说对了！'陈轸回答说：'不但张仪这样说，连路上的行人也都知道这个道理。从前，伍子胥尽忠于吴王，天下的国君都想要他做自己的臣子；孝己爱他的父母，天下的父母都想要他做自己的儿子。所以说，被出卖的奴仆而能不出街巷就被人买去的，一定是好的奴仆；被遗弃的妇女而能改嫁在本乡的，一定是善良的妇女。我不忠于大王，楚王怎么会认为我能忠于他呢？我忠于大王还被抛弃，我不到楚国又到哪里去呢？'"秦王觉得陈轸说得对，就友好地对待他了。

注释

❶果：究竟。

❷辩士：善辩之士。

❸孰：古"熟"字。视：注目细看。

❹无奈何：无可奈何。

❺果：果然。信：真实，可靠。

❻非独：不但。

❼昔者：从前。子胥：伍子胥，春秋时吴国大夫，佐吴伐楚，忠于吴王，被夫差赐死。以为臣："以之为臣"的省略，用他为臣。

❽孝己：商代高宗武丁之子，有名的孝子。亲：指双亲。

❾仆妾：指奴隶。里巷：犹"街巷"。

❿出妇：被丈夫遗弃的妇女。

⓫尚：还。见弃：被遗弃。何之：往何处。

楚绝齐（秦策二）

题 解

本篇记叙了陈轸为楚说服秦王的过程。陈轸本为秦臣，因受张仪所谗而奔楚。当时，齐楚交战，而秦如助齐，对楚来说，是一场大难。为此，陈轸奉命使秦说服秦王。在说辞中，陈轸先用"吴人游楚而吴吟"的故事，表明自己依然不忘旧主，愿为秦出谋划策；继而又以"一举兼二虎"的故事，劝秦王暂时保持中立以趋利避害。说辞切中秦王心理，很有说服力。司马迁在《史记·张仪列传》中也记载了"一举兼二虎"的故事，人物改为"卞庄子"和"馆竖子"，故事情节大体相同。后人又将这一故事概括为"坐山观虎斗"，比喻对双方的争斗采取旁观态度，等待机会，从中取利。

【原 文】

楚绝齐①，齐举兵伐楚②。陈轸谓楚王曰③："王不如以地东解于齐，西讲于秦④。"楚王使陈轸之秦⑤。秦王谓轸曰⑥："子，秦人也，寡人与子故也⑦。寡人不佞⑧，不能亲国事也⑨，故子弃寡人事楚王⑩。今齐、楚相伐，或谓救之便⑪，或谓救之不便，子独不可以忠为子主计⑫，以其余为寡人乎？"

【译 文】

楚国断绝了同齐国的外交关系，齐国就发兵讨伐楚国。陈轸对楚怀王说："大王不如割地，东边同齐国和解，西边同秦国媾和。"于是楚怀王就派遣陈轸前往秦国。秦惠文王对陈轸说："你是秦国人，我同你是老交情。我没有才能，不擅长亲自处理国事，所以你就离开了我而去侍奉楚王。现在齐、楚两国交战，有人说救助它们有利，有人说救助它们不利，除了效忠于你的主人，你难道不可以在为楚效忠之余，也替我出点主意吗？"

注 释

❶绝：断绝，指断绝外交关系。楚怀王十六年（前313），秦使张仪见楚王，佯言以商於六百里地赠楚，使楚绝齐。

❷举兵：发兵。

❸陈轸：曾为秦臣，当时在楚国做官。楚王：楚怀王。

❹以地：拿土地，指割地。讲：讲和。

❺使：派遣。之：往，到。

❻秦王：秦惠文王。

❼故：故旧，旧交。陈轸原为秦惠文王之臣，故称旧交。

❽不佞（nìng）：不才。自谦之辞。

❾亲：亲自。此两句是秦王的外交辞令。

❿事：侍奉。

⓫或：有的人。便：指有利。

⓬独：岂，难道。

【原 文】

陈轸曰："王独不闻吴人之游楚者乎①？楚王甚爱之，病②，故使人问之曰③：'诚病乎④？意亦思乎⑤？'左右曰：'臣不知其思与不思，诚思则将吴吟⑥。'今轸将为王吴吟⑦。王不闻夫管与之说乎⑧？有两虎诤人而斗者⑨，管庄子将刺之⑩，管与止之⑪，曰：'虎者，戾虫⑫；人者，甘饵

【译 文】

陈轸说："大王难道没有听说过有个吴国人在楚国做官的故事吗？楚王很喜欢这个人，他生病时，楚王就派人去慰问他："真病了吗？或者是想念吴国呢？'楚王身边的人回答说：'我们不知道他想念不想念吴国，如果想念吴国的话，就会操吴国的乡音呻吟。'现在我要为大王操'吴国的乡音'哼几句。大王没有听说过管与的见解吗？有两只老虎为争吃一个人打了起来，管庄子要去刺杀这两只老虎，管与阻拦他，说：'老虎是猛兽；人是它的美食。现在两

也⑬。今两虎诤人而斗，小者必死，大者必伤。子待伤虎而刺之，则是一举而兼两虎也⑭。无刺一虎之劳⑮，而有刺两虎之名。'齐、楚今战，战必败一。败⑯，王起兵救之，有救齐之利，而无伐楚之害⑰。"

只老虎为争吃一个人而恶斗，那小的一定被咬死，大的一定受伤。你等到大老虎受了伤再去刺杀它，那就可以一下子解决两只老虎了。不费刺杀一只猛虎的力气，却得到刺杀两只老虎的名声。'现在，齐、楚两国正交战，战争中必然有一国失败。如果齐国失败了，大王就发兵救助它，这样既取得了因救助齐国而能得到的好处，却又避免了因攻打楚国而带来的害处。"

注释

❶ 游：指游宦，即在外做官。

❷ 病：此指吴国人生病。

❸ 问：慰问。

❹ 诚：果真。

❺ 思：思念。

❻ 吴吟：操吴音呻吟，意为吴人终不忘吴。

❼ 今轸将为王吴吟：意为陈轸也不忘秦国，愿为秦谋。

❽ 管与：鲁人。说：说法，见解。

❾ 诤人：指为吃人而争斗。诤，通"争"。

❿ 管庄子：卞庄子，春秋时鲁国勇士。

⓫ 止：阻止。

⓬ 戾（lì）：贪暴。虫：古代泛指动物。

⓭ 甘饵：美味食物。

⓮ 兼：并，并得。

⓯ 劳：劳苦。

⓰ 败：指齐败。

⓱ 利：指因救齐而取得的好处。害：指因攻楚而带来的危害。

秦武王谓甘茂曰（秦策二）

题解

秦武王是个雄心勃勃的人物，即位之初便提出攻韩"窥周"的战略目标，而攻取宜阳，就可以控扼这一通向中原的险塞，建立起向中原进军的战略基地。为此，他命令甘茂组织实施宜阳战役。甘茂深知宜阳这座大城邑地势险要、战略储备充裕，而朝廷内部又有亲韩派掣肘。在这种情况下，必须得到国君的坚定支持才有可能取胜。本篇就着重记述了甘茂在战前对武王的一次进言。甘茂借用乐羊攻打中山和曾母投杼的故事劝谏武王，取得了武王的信任。典故（或成语）"曾参杀人""谤书盈箧""中山得谤"等均出自本篇。

【原文】

秦武王谓甘茂曰①："寡人欲车通三川以窥周室②，而寡人死不朽矣③。"甘茂对曰："请之魏，约伐韩④。"王令向寿辅行⑤。甘茂至魏，谓向寿："子归告王曰：'魏听臣矣⑥，然愿王勿攻也。'事成，尽以为子功⑦。"向寿归以告王，王迎甘茂于息壤⑧。

【译文】

秦武王对甘茂说："我想要出兵攻取三川以便伺机灭掉周王室，这样的话，即使我死了也可以永垂不朽了。"甘茂回答说："请您让我到魏国去一趟，与魏国相约，一同攻打韩国。"于是秦武王派向寿为副使一同出行。甘茂到了魏国，便对向寿说："你回去报告武王，说：'魏国已答应我们的要求了，不过希望大王暂且不要攻打韩国。'这件事办成了，功劳都归你。"向寿回国把这话告诉了武王，武王便在息壤迎接甘茂。

注 释

❶秦武王：一作"秦悼武王"。战国时秦国君。惠文王之子。公元前310—前307年在位。名荡。甘茂：战国时楚下蔡（今安徽凤台）人。曾从下蔡监门吏学百家之说。秦惠王时为将，参与略定汉中。后以定蜀有功升左丞相。

❷车通：此指出兵。窥：窥伺。此指伺机攻取。周室：周王朝。

❸不朽：指扬名后世，永不磨灭。

❹约：订立盟约。

❺向寿：战国时人。秦昭王母宣太后外族。少与昭王相处共长，得太后宠。秦武王三年（前308）与甘茂使魏，约伐韩。辅行：副使。

❻听：听从。

❼尽：完全。

❽息壤：秦邑。在今陕西咸阳东。

【原文】

甘茂至，王问其故①。对曰："宜阳，大县也，上党、南阳积之久矣②。名为县，其实郡也③。今王倍数险④，行千里而攻之，难矣。臣闻张仪西并巴、蜀之地⑤，北取西河之外⑥，南取上庸⑦，天下不以多张仪而贤先王⑧。魏文侯令乐羊将⑨，攻中山，三年而拔之⑩。乐羊反而语功⑪，文侯示之谤书一箧⑫，乐羊再拜稽首⑬，

【译文】

甘茂来到息壤，秦武王问他不让攻韩的缘故。甘茂回答说："宜阳是韩国的大县，上党、南阳两地的财富积聚在这里已经很久了。宜阳名义上是县，实际上相当于一个郡。现今大王的军队要穿越很多险要的地方，千里行军去攻打宜阳，这是很困难的。我听说张仪西并巴、蜀，北取西河之外，南取上庸，可是天下的人并不因此而赞扬张仪，却认为是先王贤明的缘故。魏文侯派乐羊做大将，攻打中山，过了三年方才攻下。乐羊回来后表功，魏文侯把一箱子诽谤他的信件拿给他本人看，乐羊向魏文侯行了大

曰：'此非臣之功，主君之力也⑭。'今臣，羁旅之臣也⑮，樗里疾、公孙郝二人者，挟韩而议⑯，王必听之，是王欺魏而臣受公仲侈之怨也⑰。昔者曾子处费⑱，费人有与曾子同名族者而杀人⑲，人告曾子母曰：'曾参杀人。'曾子之母曰：'吾子不杀人。'织自若⑳。有顷焉㉑，人又曰：'曾参杀人。'其母尚织自若也㉒。顷之，一人又告之曰：'曾参杀人。'其母惧，投杼逾墙而走㉓。夫以曾参之贤与母之信也㉔，而三人疑之，则慈母不能信也。今臣之贤不及曾子，而王之信臣又未若曾子之母也㉕，疑臣者不适三人㉖，臣恐王为臣之投杼也㉗。"王曰："寡人不听也，请与子盟㉘。"于是与之盟于息壤。

礼，说：'这次攻克中山不是我的功劳，全倚仗国君的支持。'如今，我是一个客居异国的人，樗里疾、公孙郝二人怀着对韩国的偏心来非议我，大王一定会听从，这样大王就欺骗了魏国，我也要受到公仲侈的埋怨了。从前，曾子住在费邑时，有个与曾子同名同姓的人杀了人，有人去告诉曾子的母亲说：'曾参杀了人。'曾子的母亲说：'我的儿子是不会杀人的。'她照常织布。过了一会儿，又有一个人来说：'曾参杀了人。'曾子的母亲还是照常织布。又过了一会儿，又有一个人告诉曾子的母亲说：'曾参杀了人。'曾子的母亲就害怕了，扔下梭子，跳墙逃跑了。曾参有德行，母亲又对他十分信任，可是只要有三个人来迷惑他母亲，结果连曾参的母亲也不敢相信他了。如今我的德行赶不上曾子，大王又不能像曾子的母亲信任曾子那样来信任我，而怀疑我的人又不止三个，我真担心大王也会为我扔下梭子的。"秦武王说："我决不会听他们的，请让我同你立个誓约吧。"于是秦武王与甘茂在息壤立下了誓约。

注 释

❶其故：指甘茂不让攻打韩国的缘故。

❷上党：郡名。在今山西和顺、榆社以南，沁水流域以东。积：指财力的

积蓄。

❸郡：行政单位，郡下有县。

❹倍：通"背"，面临，经过。

❺并：兼并。

❻西河之外：指黄河西岸的魏地。在今陕西东部。

❼上庸：楚邑。在今湖北竹山。

❽以：因。多：称赞。先王：指秦惠文王。

❾魏文侯：战国时魏国的建立者。魏桓公之子。公元前445—前396年在位。名斯。乐（yuè）羊：魏将。

❿中山：古国名。春秋时白狄别族建立。亦称"鲜虞"。在今河北正定东北。拔：攻克。

⓫反：通"返"，返回。

⓬谤书：攻击或揭发别人隐私的文书。箧（qiè）：小箱子。

⓭再拜稽首：比稽首更重的一种礼。先拜，然后稽首。稽首，古时一种跪拜礼。叩头到地。是九拜中最恭敬者。

⓮主君：指魏文侯。

⓯羁（jī）旅：客居他乡。

⓰樗里疾：战国时秦国贵族。秦惠文王异母弟，名疾。秦武王时，与甘茂分任左、右丞相。公孙郝：战国时秦国大臣。挟韩：指怀着对韩的偏心。

⓱公仲侈：韩国丞相。

⓲曾子：名参，字子舆。孔子学生。以孝著称。处：居住。费（bì）：鲁邑。在今山东费县西北。

⓳同名族：指同名同姓。

⓴自若：不变常态。

㉑有顷：不久。

㉒尚：还。

㉓杼（zhù）：指织布梭子。走：跑。

㉔贤：有德行。信：此指对曾参的信任。

㉕未若：不如。

㉖适：通"啻"，仅，止。

㉗投杼：此指对甘茂不信任。
㉘盟：立誓缔约。

【原文】

果攻宜阳，五月而不能拔也①。樗里疾、公孙郝二人在争之王②，王将听之③，召甘茂而告之。甘茂对曰："息壤在彼。"王曰："有之。"因悉起兵④，复使甘茂攻之，遂拔宜阳⑤。

【译文】

果然甘茂领兵攻打宜阳，攻了五个月还未能攻下。樗里疾、公孙郝二人就在朝廷上为退兵之事劝谏武王，武王打算听从他们的意见，就召见甘茂，把情况告诉他。甘茂回答说："息壤的盟约还在那里。"武王说："有这件事。"就把军队全部派出去增援，又让甘茂继续领兵进攻宜阳，于是攻克了宜阳。

注释

❶果：果然。拔：攻克。
❷争：通"诤"，直言规劝。之：指退兵事。
❸将：打算。
❹因：就。悉：尽，全。
❺遂：于是。

甘茂亡秦且之齐（秦策二）

题 解

秦相甘茂遭遇向寿等人的谗害，自秦出亡，路遇苏秦。甘茂给苏秦讲了"江上处女"这一寓言故事，借此希望苏秦能拉他一把。苏秦就为他奔走于秦、齐间，积极活动，使甘茂得以在齐国另居高位。"江上处女"这一故事描写得十分细腻，人物形象凄楚动人。后人用"余光分人"（或"分光邻女"）喻指希求得到别人的帮助，以"借余光"（或"借光"）美称他人给予的恩惠。

【原文】

甘茂亡秦且之齐①，出关遇苏子②，曰："君闻夫江上之处女乎③？"苏子曰："不闻。"曰："夫江上之处女，有家贫而无烛者④，处女相与语，欲去之⑤。家贫无烛者将去矣，谓处女曰：'妾以无烛⑥，故常先至，扫室布席⑦，何爱余明之照四壁者⑧？幸以赐妾⑨，何妨于处女？妾自以有益于处

【译文】

甘茂逃出秦国，将要到齐国去，恰巧出函谷关时就遇到了苏秦，甘茂对苏秦说："您听说过江边上姑娘们的事吗？"苏秦说："没有听说过。"甘茂就说："在江边的姑娘们中，有个家庭贫寒点不起灯的，那些姑娘们叽叽咕咕，想要赶走她。那个家庭贫寒点不起灯的姑娘将要离开，临走时对其他姑娘们说：'我因为点不起灯，经常提前来到这儿，扫屋子、铺席子，你们何必吝惜这照得四壁亮堂堂的一些剩余烛光呢？如果能赐一点余光给我，对你们有什么妨碍呢？我自己认为对你们是有好

女，何为去我⑩？'处女相语以为然而留之⑪。今臣不肖⑫，弃逐于秦而出关，愿为足下扫室布席⑬，幸无我逐也⑭。"苏子曰："善！请重公于齐⑮。"

处的，为什么要赶走我呢？'那些姑娘们就议论起来，觉得她说得对，于是把她留下来了。现今我没有才德，被秦国遗弃，把我赶出函谷关，我愿意为您做点扫屋子、铺席子之类的事，希望不要把我赶走。"苏秦说："好！我一定让您在齐国受到敬重。"

注 释

❶且：将。之：往。

❷关：指函谷关。苏子：指苏秦。

❸君：对人的尊称。处女：未出嫁的女子。

❹烛：火炬。

❺相与：共同。去之：赶走她。

❻妾：古代妇女自称的谦辞。

❼布席：铺席，时人无椅凳，席地而坐，故需铺席。

❽爱：吝惜。余明：余光。

❾幸：假使，假如。

❿以：认为。何为：为什么。

⓫然：对。留：挽留。

⓬不肖：不贤。

⓭足下：敬辞。古代下称上或同辈相称都用"足下"。

⓮无我逐："无逐我"的倒装。

⓯重：敬重，尊重。公：敬称，指甘茂。

【原文】

乃西说秦王曰①："甘茂，贤人，非恒士也②。其居秦累世重矣③，自殽塞、谿谷④，地形险易尽知之。彼若以齐约韩、魏⑤，反以谋秦⑥，是非秦之利也⑦。"秦王曰："然则奈何⑧？"苏秦曰："不如重其贽、厚其禄以迎之⑨。彼来则置之槐谷⑩，终身勿出，天下何从图秦⑪？"秦王曰："善！"与之上卿⑫，以相迎之齐。甘茂辞不往⑬。

【译文】

于是苏秦西去劝秦王说："甘茂是个贤人，是个不同寻常的人。他在秦国受到好几代国君的重用，秦地的殽塞、谿谷等地形的复杂情况，他全都熟悉。他如果通过齐国联合韩国、魏国，转而对付秦国，那就对秦国不利了。"秦王问道："倘若如此该怎么办呢？"苏秦回答说："不如送他重礼、厚禄迎接他回来。他来了就把他囚在槐谷，让他一辈子不能四出活动，天下诸侯有什么办法算计秦国呢？"秦王说："对！"于是秦王就封他为上卿，派专人带着相印往齐国迎接他。甘茂推辞不肯前往。

注释

❶乃：于是。西：西去。

❷恒：常，一般的。

❸累世：历代，接连几代。重：重用。

❹殽塞：崤山。在今河南洛宁北。谿谷：地名。鬼谷。在今陕西三原清水谷。

❺约：结盟。

❻反：顾。此指反过来对付秦国。

❼是：这。

❽然则：倘若如此。奈何：怎么办。

❾贽：初次见人时所送的礼物，以表敬意。禄：俸禄。

❿置：安置。此指囚禁。槐谷：鬼谷。

⓫何从：从何，怎么样。
⓬上卿：古代官名。周制天子及诸侯皆置卿。春秋初年卿仅有上、下之别，后来分为上、中、下三等。上卿位次于公，居卿之首。
⓭辞：推辞。

【原文】

苏秦为谓齐王曰①："甘茂，贤人也，今秦与之上卿，以相迎之，茂德王之赐②，故不往，愿为王臣。今王何以礼之③？王若不留，必不德王。彼以甘茂之贤，得擅用强秦之众，则难图也④。"齐王曰："善。"赐之上卿，命而处之⑤。

【译文】

苏秦替甘茂对齐王说："甘茂是个贤人，现今秦国封他为上卿，派专人捧相印迎接他，甘茂因为感激大王的恩赐，所以不愿到秦国去，情愿做大王的臣子。现在大王打算用什么礼节对待他呢？大王如果不挽留他，他就一定不会感激大王了。以甘茂的才能，又能随意动用秦国的军队，可就难以对付了。"齐王说："对。"于是封甘茂为上卿，让他住在齐国。

注释

❶齐王：齐宣王。
❷德：感恩。
❸礼：以礼相待。
❹擅用：随意动用。众：此指军队。图：图谋，指设法对付。
❺处之：此指让甘茂住在齐国。

范雎至秦（秦策三）

题解

本篇展现了范雎作为战国时期著名政治家、纵横家的智慧与谋略，以及他如何通过精妙的外交策略影响秦国的国运。范雎初见秦王时，并未立即展开游说，而是以一种神秘且深沉的态度应对秦王的询问，连续三次以"唯唯"作答，这种举动引起了秦王的极大兴趣。随后，范雎用姜太公、伍子胥、箕子、接舆等人的事迹来说明自己的想法，表达了自己愿意为秦国尽忠的决心。范雎的口才和谋略在此得到充分展现。本篇语言雄辩而优雅，在策士的说辞中很有代表性。

【原文】

范雎至秦①，王庭迎②，谓范雎曰："寡人宜以身受令久矣③。今者义渠之事急④，寡人日自请太后⑤。今义渠之事已⑥，寡人乃得以身受命⑦。躬窃闵然不敏⑧，敬执宾主之礼。"范雎辞让。

【译文】

范雎到了秦国，秦昭王在庭院中迎接他，对范雎说："我早就该亲身接受你的指教了。正好碰上义渠王的事件急需处理，我每天亲自谒见太后。现在义渠王的事已处理完了，我这才能亲身接受你的指教。我这个人昏昧迟钝，没有及时接见你，请让我恭行宾主之礼。"范雎很客气地推辞。

注释

❶范雎（jū）：战国时秦相。字叔，魏国人。因事为魏中大夫须贾所诬，被

魏相魏齐使人笞击折胁。后化名"张禄",得王稽、郑安平帮助入秦。

❷王:秦昭王,战国时秦国君。武王异母弟。公元前306—前251年在位。名稷,一作"则"。

❸受令:此指接受教诲。

❹义渠之事:指秦灭义渠。义渠,西戎的一支。分布在岐山、梁山、泾水、漆水之北。春秋时,势力强大,首领自称王。有城郭。与秦时和时战。周赧王四十五年(前270)为秦所并。

❺日:每天。请:谒见,拜见。

❻已:指处理完毕。

❼乃:才。得:能够。

❽躬:自身。窃:谦辞,私。闵然:昏昧的样子。不敏:不聪明。

【原文】

是日见范雎①,见者无不变色易容者②。秦王屏左右③,宫中虚无人④,秦王跪而请曰:"先生何以幸教寡人⑤?"范雎曰:"唯唯⑥。"有间⑦,秦王复请。范雎曰:"唯唯。"若是者三⑧。秦王跽曰⑨:"先生不幸教寡人乎?"范雎谢曰⑩:"非敢然也。臣闻始时吕尚之遇文王也⑪,身为渔父而钓于渭阳之滨耳⑫。若是者,交疏也⑬。已一说而立为太师⑭,载与俱归者,其言深也⑮。故文王果收功于吕尚⑯,

【译文】

这天秦王接见范雎,凡是在场见此情景的人,没有不大吃一惊而变了脸色的。秦王让身边的人退避,宫中没有别人,秦王向范雎跪着问道:"先生拿什么来教导我呢?"范雎回答:"嗯嗯。"过了一会儿,秦王又问。范雎仍回答:"嗯嗯。"一连三次,都是这样。秦王直身跪着说:"先生不肯指教我吗?"范雎道歉说:"我不敢这样。我听说当初吕尚遇到文王的时候,他本是个老渔翁,在渭水北岸钓鱼。像这样的情况,他们的交情是很浅的。不久,吕尚同文王交谈了一次,文王就任命他为太师,同他一起乘车回去,这是因为他们谈得深入恳切。后来,文王由于吕尚的帮助建立

卒擅天下而身立为帝王⑰。即使文王疏吕望而弗与深言⑱，是周无天子之德⑲，而文、武无与成其王也⑳。今臣羁旅之臣也㉑，交疏于王，而所愿陈者，皆匡君之事㉒，处人骨肉之间㉓，愿以陈臣之陋忠，而未知王心也，所以王三问而不对者是也㉔。

了功业，终于统一天下成为帝王。当初，假如文王疏远吕尚而不同他深谈，这是他没有做天子的德行，文王、武王也就没有人帮助他们成就王业。现在，我不过是一个寄居秦国的人，同大王的交情不深，我想陈述的又都是匡正君臣的大事，而我夹在人家的亲骨肉之间，虽然愿意述说我浅陋的忠言，却又不知道大王的想法，这就是大王多次发问我都不敢对答的原因。

注 释

❶是日：这一天。

❷见者：指秦王身边的人。变色易容：改变脸上的表情。色，指脸色。

❸屏（bǐng）：退避。

❹虚：空。

❺何以：用什么。

❻唯唯：应答声。

❼有间：过了一会儿。

❽是：这。三：表示多次。

❾跽（jì）：长跪。双膝着地，上身挺直。古人席地而坐，臀部坐在脚跟上，说话时为了表示尊敬，把臀部抬起，显得上身比坐时长，故称长跪，也称跽。

❿谢：谢罪，道歉。

⓫吕尚：姜太公，名望。文王：周文王。

⓬渔父：捕鱼的老人。渭阳：渭水北岸。

⓭交疏：指相交不深。

⓮已：不久，随后。太师：官名，职掌朝廷军政大事。

⓯言深：指言谈恳切深入。

⓰收功：取得功绩。

⑰卒：终于。擅：据有。
⑱即使：如果。弗：不。
⑲德：德行。
⑳文、武：周文王、周武王。无：没有谁，没有什么人。与：帮助。
㉑羁旅：客居他乡。
㉒匡：匡正。
㉓处：在。骨肉之间：指秦昭王同太后、穰侯的关系。太后是昭王之母，穰侯是昭王亲舅，这种亲近的关系是不便进言的。
㉔对：回答。是：这。

【原文】

"臣非有所畏而不敢言也，知今日言之于前，而明日伏诛于后①，然臣弗敢畏也。大王信行臣之言②，死不足以为臣患③，亡不足以为臣忧④，漆身而为厉，被发而为狂⑤，不足以为臣耻。五帝之圣焉而死⑥，三王之仁焉而死⑦，五伯之贤焉而死⑧，乌获之力焉而死⑨，奔、育之勇焉而死⑩。死者，人之所必不免也。处必然之势⑪，可以少有补于秦⑫，此臣之所大愿也，臣何患乎？伍子胥橐载而出昭关⑬，夜行而昼伏，至于蓤水⑭，无以饵其口⑮，坐行蒲服⑯，乞食于吴市，卒兴吴国⑰，阖庐为霸⑱。

【译文】

"我不是因为害怕死而不敢说话，明知今天讲了明天就会被杀，我也不敢有怕死的念头。如果大王真采纳了我的主张，即使我死了也算不上是我的灾难，出逃了也算不上是我的忧愁，以漆涂身而生癞疮，披头散发而成疯人，也算不上是我的耻辱。五帝那样的圣人也要死，三王那样的仁人也要死，五霸那样的贤人也要死，乌获那样的力士也要死，孟奔、夏育那样的勇士也要死。死是人必不可免的。处在这样的情势下，如果死了能对秦国稍有补益，这是我的最大愿望，我忧愁什么呢？伍子胥藏在牛皮袋子里逃出昭关，他夜行昼伏，到了蓤水，吃不上饭，跪着行、爬着走，在吴国街市上讨饭，终于使吴国兴盛

使臣得进谋如伍子胥,加之以幽囚,终身不复见⑲,是臣说之行也,臣何忧乎?

起来,吴王阖庐称霸天下。如果我能像伍子胥献计谋那样有效,即使把我囚禁起来,终身不让出来,只要我的主张被采纳了,我又有什么忧虑呢?

注 释

① 伏诛:被处死。

② 信:相信。此指采纳。

③ 不足:不值得。患:忧患。

④ 亡:逃亡,出逃。

⑤ 厉:通"癞(lài)",恶疾。被:通"披"。狂:指发疯。

⑥ 五帝:传说中的上古帝王,一般指黄帝、颛顼、帝喾、唐尧、虞舜。

⑦ 三王:三代之王,一般指夏禹、商汤和周文王、周武王。

⑧ 五伯:春秋时代的五个霸主,一般指齐桓公、晋文公、宋襄公、秦穆公、楚庄王。

⑨ 乌获:战国时的秦国力士。

⑩ 奔、育:战国时的勇士孟奔(一作"孟贲")、夏育。

⑪ 必然:必然如此。此指必然要死。

⑫ 补:补益。

⑬ 橐(tuó):用牛皮做的袋子。伍子胥父兄被楚王所杀,他藏在牛皮袋内逃至吴国。昭关:楚关名。在今安徽含山北。

⑭ 菱水:溧水,源出今安徽芜湖,东流入江苏太湖。

⑮ 饵其口:犹"糊口"。

⑯ 坐行:犹"跪行"。蒲服:匍匐,伏地而行。

⑰ 卒:终于。

⑱ 阖庐:一作"阖闾"。春秋时吴国君。吴王诸樊之子(一说夷末之子)。公元前514—前496年在位。名光。

⑲ 加之:加于自己身上。幽囚:幽禁。见:通"现",指露面。

【原文】

"箕子、接舆①，漆身而为厉，被发而为狂，无益于殷、楚。使臣得同行于箕子、接舆②，可以补所贤之主③，是臣之大荣也④，臣又何耻乎？臣之所恐者，独恐臣死之后，天下见臣尽忠而身蹶也⑤，是以杜口裹足，莫肯即秦耳⑥。足下上畏太后之严，下惑奸臣之态⑦；居深宫之中，不离保傅之手⑧；终身暗惑，无与照奸⑨；大者宗庙灭覆⑩，小者身以孤危，此臣之所恐耳。若夫穷辱之事、死亡之患⑪，臣弗敢畏也。臣死而秦治，贤于生也⑫。"

【译文】

"箕子、接舆，用漆涂身而生癞疮，披头散发而成疯人，他们这样做却对殷朝、楚国没有什么补益。假使我能够与他们一样，而可以帮助贤明的国君，这是我最大的光荣，我又有什么耻辱呢？我所担心的，只是在我死后，天下的人见我尽忠身死，因此闭口止步，不肯到秦国来罢了。您对上畏惧太后的威严，对下又为奸臣的欺诈迷惑；住在深宫之中，身不离保傅的照顾；终身愚昧不明，没有谁能协助您洞察奸邪的人；这样，往大处说能使国家灭亡，往小处说能使自己孤立而危险，这才是我所担心的事。至于我个人的困窘受辱、死亡的忧患，我是不畏惧的。我死了秦国却能治理好，胜过我活着。"

注释

❶箕子：商纣王的叔父，纣无道，箕子谏不听，乃披发佯狂。接舆：春秋末期楚国隐士，姓陆名通，字接舆，佯狂不仕，时人称为"楚狂"。

❷同行：具有同样的行为。

❸补：帮助。

❹荣：荣耀。

❺独：只。蹶（jué）：倒。此指死。

❻杜口：闭口不言。裹足：停止不前。即：就，到。耳：罢了。

❼足下：敬辞。古代下称上或同辈相称都用"足下"。严：威严。态：通"态"，欺诈。

❽保傅：春秋战国时国君侍从女官。

❾暗惑：愚昧不明。照：洞察。奸：指奸邪的人。

❿宗庙：古代诸侯、天子祭祀祖先的地方。此指朝廷和国家政权。

⓫若夫：至于。穷：困窘。

⓬贤于：胜过。生：活着。

【原文】

秦王跽曰："先生是何言也①？夫秦国僻远②，寡人愚不肖③，先生乃幸至此，此天以寡人慁先生，而存先王之庙也④！寡人得受命于先生，此天所以幸先王而不弃其孤也⑤。先生奈何而言若此⑥？事无大小，上及太后，下至大臣，愿先生悉以教寡人⑦，无疑寡人也⑧。"范雎再拜⑨，秦王亦再拜。

【译文】

秦王直身跪着说："先生这是哪里话呢？我国偏僻遥远，我愚昧没有才德，而先生光临敝国，这是老天爷让我来打扰先生，而使先王的宗庙祭祀得以保存啊！我能从先生这里受到教诲，这是老天爷格外关照先王而不抛弃他的后人的缘故。先生怎么能如此说呢？事情不论大小，上到太后，下至大臣，希望先生尽力指教我，不要有什么顾虑。"范雎向秦王行了再拜礼，秦王也还了再拜礼。

注 释

❶何：什么，哪里。

❷僻远：偏僻遥远。

❸不肖：不贤。

❹慁（hùn）：烦劳，打扰。存先王之庙：先王的宗庙得以存在下去，即国家不致灭亡的意思。

❺幸:哀怜,同情。孤:指秦昭王。

❻奈何:怎么。若此:如此。

❼悉:尽,全部。

❽无疑:不要怀疑。

❾再拜:古代的一种跪拜礼,表示礼节的隆重。

【原文】

范雎曰:"大王之国,北有甘泉、谷口,南带泾、渭①,右陇、蜀,左关、阪②;战车千乘,奋击百万③。以秦卒之勇,车骑之多,以当诸侯④,譬若驰韩卢而逐蹇兔也⑤,霸王之业可致⑥。今反闭关而不敢窥兵于山东者⑦,是穰侯为国谋不忠,而大王之计有所失也⑧。"

【译文】

范雎说:"大王的国家,北有甘泉、谷口,南有泾、渭两水环绕,右依陇、蜀,左傍关、阪;兵车有千辆之多,勇士有百万之众。您凭借勇敢的军队、众多的车马,来对付诸侯,简直易如韩卢逐跛兔,称霸称王的大业唾手可得。可是,您如今却闭上关门而不敢伺机向中原用兵,这是因为穰侯没有尽力为国谋划,而大王的策略也有错误呀。"

注 释

❶甘泉:山名。在今陕西淳化西北。谷口:地名。瓠口,亦称寒门。在今陕西礼泉东北。带:围绕。泾、渭:泾河、渭水。

❷右:指秦国西部。陇:陇山,古称"陇坂",亦作"陇阪"。在今陕西陇县西南。左:指秦国东部。关:函谷关。阪:陇坂。

❸奋击:奋勇作战的战士。

❹当:抵挡。

❺驰:此指驱狗追捕。韩卢:韩国的名犬。蹇(jiǎn):跛足。

❻霸王:称王称霸。致:得。

⑦反：反而。窥：窥伺。此指伺机攻取。山东：指崤山以东六国。
⑧穰侯：魏冉，战国时秦国大臣。原为楚人，秦昭王母宣太后异父弟。失：错误。

【原文】

王曰："愿闻所失计。"睢曰："大王越韩、魏而攻强齐，非计也①。少出师则不足以伤齐②，多之则害于秦③。臣意王之计欲少出师④，而悉韩、魏之兵，则不义矣⑤。今见与国之可亲⑥，越人之国而攻，可乎？疏于计矣⑦！昔者，齐人伐楚⑧，战胜，破军杀将，再辟千里，肤寸之地无得者⑨，岂齐不欲地哉，形弗能有也⑩！诸侯见齐之罢露⑪，君臣之不亲，举兵而伐之⑫，主辱军破⑬，为天下笑。所以然者，以其伐楚而肥韩、魏也⑭。此所谓藉贼兵而赍盗食者也⑮。王不如远交而近攻⑯，得寸则王之寸，得尺亦王之尺也。今舍此而远攻，不亦缪乎⑰？且昔者，

【译文】

秦王说："我很想听听错在哪里。"范睢回答说："大王越过韩、魏两国去攻打强大的齐国，这是策略上的错误。出兵少了不能打败齐国，出兵多了秦国也吃不消。我估计大王是想少出兵，而让韩、魏两国出动全部军队，这是不合适的。现今已经发现盟国韩、魏不可靠，而越过它们去攻打齐国，能行吗？这是谋划不周！从前，齐国越过别的国家去攻打楚国，打了胜仗，攻破楚军，杀死楚将，又开辟了千里的土地，结果齐国却连分寸的土地也没有得到，哪里是齐国不想要土地，只是因为情势不允许啊！诸侯看到齐军疲敝，君臣又不和睦，就发兵攻打齐国，齐国国君蒙羞，军队惨败，被天下的人所讥笑。齐国之所以到这个地步，就是攻打楚国实际上反而壮大了韩、魏的势力。这就是人们所说的把武器借给强盗，把粮食送给小偷。大王不如采取远交近攻的策略，这样得到一寸土地就是一寸，得到一尺土地就是一尺。如今不采用这个策略却去进攻远方的国家，不也是很错误的吗？当初，中山国拥有五百里见方的土地，赵国独占了

中山之地方五百里⑱，赵独擅之⑲，功成、名立、利附，则天下莫能害。今韩、魏，中国之处而天下之枢也⑳。王若欲霸，必亲中国而以为天下枢，以威楚、赵㉑。赵强则楚附㉒，楚强则赵附。楚、赵附则齐必惧，惧必卑辞重币以事秦，齐附而韩、魏可虚也㉓。"

它，大功告成，威望树立，利益到手，天下对此也毫无办法。现今韩、魏两国处在中原地带，是天下的枢纽。大王如果想要称霸，必须使韩、魏亲附，而让秦国控制住这个天下的枢纽，从而威慑楚、赵二国。赵国强大，楚国就会亲附秦国；楚国强大，赵国就会亲附秦国。楚、赵两国亲附秦国，齐国就必然害怕，齐国畏惧，必然会用谦恭的言辞、贵重的礼物来讨好秦国，齐国归附了，灭掉韩国、魏国就是轻而易举的事情了。"

注 释

❶非计：指错误的计策。

❷伤齐：指打败齐国。

❸多之：指多派兵。

❹意：料想。

❺悉韩、魏之兵：使韩、魏之兵全出动。悉，尽其所有。义：宜，合适。

❻与国：结盟的国家。亲：亲近，信任。

❼疏：疏忽。

❽齐人伐楚：公元前286年，齐灭宋，攻占楚之淮北，使秦也感到不安。

❾肤寸：一指宽为一寸，四指宽为一肤。比喻极小的空间。

❿形：势，指情势。

⓫罢露：疲劳困乏。罢，通"疲"。

⓬举兵而伐之：公元前284年乐毅率燕、秦、魏、韩、赵五国之师伐齐，入临淄，齐湣王奔莒，为淖齿所杀。

⓭破：战败。

⓮以：因为。肥：使富足。

⓯贼：指强盗。兵：武器。赍（jī）：以物赠送他人。盗：小偷。

⑯远交：同远处的国家结交。

⑰缪：通"谬"，错误。

⑱方：见方。

⑲擅：占据。

⑳中国：指中原地带。枢：中心部分。

㉑威：威慑。

㉒附：亲附。

㉓虚：通"墟"，成废墟，指攻占韩、魏两国。

【原文】

王曰："寡人欲亲魏，魏多变之国也①，寡人不能亲②。请问亲魏奈何③？"范雎曰："卑辞重币以事之④，不可；削地而赂之⑤，不可；举兵而伐之⑥。"于是举兵而攻邢丘⑦，邢丘拔而魏请附⑧。

【译文】

秦王说："我想要亲近魏国，可是魏国反复无常，我不能使魏国亲近。请问怎样使魏国亲近秦国呢？"范雎回答说："用谦恭的言辞、贵重的礼物讨好它，不行；割地送给它，也不行；最好的办法是出兵攻打它。"于是秦国发兵去攻打魏国的邢丘，邢丘攻克了，魏国就主动请求依附秦国。

注释

❶多变：此指外交政策多变化，不能始终同秦国结盟。

❷亲：使之亲。

❸奈何：怎样。

❹事：讨好，侍奉。

❺赂：赠送财物。

❻举兵：发兵。

❼邢丘：古邑名。春秋属晋，战国属魏。在今河南温县东。

❽拔：攻克。

【原文】

曰："秦、韩之地形相错如绣①。秦之有韩，若木之有蠹，人之病心腹②。天下有变③，为秦害者莫大于韩。王不如收韩④。"王曰："寡人欲收韩，不听，为之奈何？"范雎曰："举兵而攻荥阳，则成皋之路不通⑤；北斩太行之道⑥，则上党之兵不下；一举而攻荥阳，则其国断而为三⑦。韩见必亡，焉得不听⑧？韩听而霸事可成也。"王曰："善。"

【译文】

范雎说："秦、韩两国的地形就像刺绣的花纹一样相互交错。韩国对秦国来说，就像树心生了蛀虫，人的内脏得了病一样。天下如有非常之事，对秦国危害最大的国家就是韩国。大王不如先去制服韩国。"秦王说："我想要制服韩国，但韩国不听从，该怎么办呢？"范雎回答说："出兵攻打韩国的荥阳，去成皋的道路就不能通行；北部截断去太行山的道路，上党的援兵就不能南下；一出兵就使韩国断成三截。韩国想到势必灭亡，怎能不听从秦国？韩国听从了，秦国称霸的事业就可以成功了。"秦王说："好。"

注 释

❶错：交错。绣：刺绣。
❷蠹（dù）：蛀虫。病：指得重病。
❸有变：指突然发生的事件。
❹收韩：指让韩国成为秦国的附庸。
❺荥阳：韩邑。在今河南荥阳东北。成皋：成皋，城邑名。在今河南荥阳汜水镇西。
❻太行之道：羊肠道。在今山西晋城南太行山上。
❼一举：此指出兵。为三：新郑以南一，上党以北二，荥阳以西三。
❽焉：怎么。

范雎曰（秦策三）

题 解

范雎入秦前，秦国"四贵"专权，秦王成了"摆设"，秦国的发展也受到严重影响。在这种情势下，范雎入秦进谏秦王是冒着极大风险的。范雎提出翦除"四贵"的建议，以巩固和加强王权。这说明范雎善于审时度势，处事严谨，富有政治才干。

【原文】

范雎曰："臣居山东，闻齐之内有田单①，不闻其王。闻秦之有太后、穰侯、泾阳、华阳②，不闻其有王。夫擅国之谓王③，能专利害之谓王④，制杀生之威之谓王⑤。今太后擅行不顾⑥，穰侯出使不报，泾阳、华阳击断无讳⑦，四贵备而国不危者⑧，未之有也。为此四者下⑨，乃所谓无王已！然则权焉得不倾⑩，而令焉得从王出乎？

【译文】

范雎说："我住在东方时，听说齐国有田单，没有听说过齐王。听说秦国有太后、穰侯、泾阳君、华阳君，没有听说秦国有大王。握有国家权力的人才算是王，能独自处理国家利害关系的人才算是王，能掌握生杀权威的人才算是王。现今太后独断专行，穰侯派遣使者不向大王报告，泾阳君、华阳君处理事情没有什么顾忌，有这四个大贵人而国家不倾覆，这样的事从来没有过。大王屈居于人之下，这就等于没有大王了！既然如此，国家权柄怎么能不丧失，大王怎么能发号施令呢？

注 释

❶田单：齐将，齐襄王时被任命为相，封安平君。
❷泾阳：公子市。战国时秦国封君。宣太后之子，秦昭王同母弟。华阳：芈戎。战国时秦国大臣。楚国人。秦昭王母宣太后同父弟。
❸擅：据有。
❹专：独用，指独自掌握。
❺制：控制。杀生：指生杀大权。
❻擅行：独断专行。
❼击断：专断。无讳：毫无顾忌。
❽备：具备。
❾为：处，居。
❿倾：倾倒，丧失。

【原文】

"臣闻：'善为国者①，内固其威而外重其权。'穰侯使者操王之重②，决裂诸侯③，剖符于天下④，征敌伐国，莫敢不听⑤。战胜攻取，则利归于陶⑥；国弊，御于诸侯⑦；战败，则怨结于百姓⑧，而祸归社稷⑨。《诗》曰：'木实繁者披其枝⑩，披其枝者伤其心；大其都者危其国⑪，尊其臣者卑其主⑫。'淖齿管齐之权⑬，缩闵王之筋⑭，县之庙梁⑮，宿

【译文】

"我听说：'善于治国的国君，对内要加强自己的权威，对外要掌握手中的权力。'现今穰侯手下的人利用大王的威名，分割诸侯的领土，擅自发兵征伐敌国，没有人敢不听从。战胜了敌国，胜利果实全都归到他的封地陶邑；国家因战争伤了元气，就会受别国控制；打败了，百姓就会怨恨大王，归罪于国家。《诗》说：'树上果实太多了就要压折树枝，树枝折了就要伤及树心；扩大自己封地的人一定会危害国家，大臣的地位过于尊贵，国君的地位就要下降。'齐相淖齿专擅齐国的大权，抽掉闵王的筋，

昔而死⑯。李兑用赵⑰，减食主父⑱，百日而饿死。今秦太后、穰侯用事⑲，高陵、泾阳佐之，卒无秦王⑳，此亦淖齿、李兑之类已。臣今见王独立于庙朝矣㉑，且臣将恐后世之有秦国者㉒，非王之子孙也。"

把他挂在宗庙的屋梁上，一夜之间就死了。李兑在赵国执政，不断减少主父的饮食，一百天就把他饿死了。现今秦国由太后、穰侯专政，高陵君、泾阳君辅佐他们，目无秦王，这些人就是淖齿、李兑之类的人。现今我看您在朝廷上已经受到孤立，我真担心后代做秦国国君的，不会是大王的子孙了。"

注 释

❶为国：治国。

❷重：大权。

❸决裂：指分割其地。

❹剖：分。符：古代朝廷传达命令或征调军队等用的凭证。此指兵符。

❺莫：没有人。

❻陶：地名。穰侯封地。在今山东菏泽市定陶区西北。

❼弊：伤害，败坏。御：控制。

❽怨结：结怨。

❾社稷：古代帝王、诸侯所祭的土神和谷神。旧时用作国家的代称。

❿实：果实。披：劈开。

⓫都：大的都邑。此指封邑。

⓬尊：指过分受尊重。

⓭淖齿：战国时楚将。楚顷襄王十五年（前284），燕将乐毅破齐都临淄（今山东淄博东北），齐湣王逃亡。他受楚顷襄王命率军救齐，被湣王任为齐相。管：犹"专"，专擅。

⓮缩：抽取。闵王：战国时齐国君。宣王之子。公元前300—前284年在位。名地，一作"遂"。

⓯县：通"悬"。

⓰宿昔：一夜之间。

⑰李兑：赵国大臣。因功为司寇，后迁相国，封奉阳君，专国政。用赵：用事于赵，指在赵执掌大权。

⑱主父：战国时赵国君。肃侯之子。公元前325—前299年在位。名雍。后在内讧中被李兑围困于沙丘宫，饿死。

⑲用事：执政。

⑳卒：终。

㉑庙朝：犹言"朝廷"。

㉒有秦国：指统治秦国。

【原文】

秦王惧，于是乃废太后，逐穰侯，出高陵，走泾阳于关外。昭王谓范雎曰："昔者齐公得管仲①，时以为仲父②；今吾得子，亦以为父。"

【译文】

秦王听了这番话后很恐惧，于是废掉太后，驱逐穰侯，将高陵君赶回封邑，把泾阳君逐出函谷关外。秦昭王对范雎说："从前齐桓公得到了管仲，那时齐桓公称他为仲父；现在我得到了你，也把你当父亲一样看待。"

注释

❶齐公：齐桓公，"春秋五霸"之一。管仲：春秋初期著名政治家。名夷吾，字仲。在齐进行改革，齐国国力大增。

❷仲：管夷吾的字。

濮阳人吕不韦贾于邯郸（秦策五）

题 解

本篇记述了商人吕不韦扶植秦王之子异人继承王位并使自己获取相位的故事。战国时期，商业活动十分活跃，商人已经成为不可忽视的社会力量。商人吕不韦在赵都邯郸经商时遇到在此做人质的异人，在他看来异人就是一个不可多得的稀缺商品，可以囤积起来待机出售。于是他分析了各方面的情况，游说异人，又游说华阳夫人之弟阳泉君和赵国，打通各种关节，终于将异人推上秦国的王位，自己也因此跻身卿相之位。本篇用不多的笔墨就把吕不韦刻画得活灵活现。文章结构紧严，层层推进，引人入胜。成语"危如累卵"即出自此篇。

【原文】

濮阳人吕不韦贾于邯郸①，见秦质子异人②，归而谓父曰："耕田之利几倍③？"曰："十倍。""珠玉之赢几倍④？"曰："百倍。""立国家之主赢几倍⑤？"曰："无数。"曰："今力田疾作，不得暖衣余食；今建国立君，泽可以遗世⑥。愿往事之⑦。"

【译文】

濮阳人吕不韦在邯郸做买卖，见到秦国派往赵国做人质的异人，回家问他的父亲说："种地能盈利几倍？"他父亲答道："十倍。"又问道："做珠宝生意能盈利几倍？"他父亲答道："百倍。""拥立一个国君能盈利几倍？"他父亲答道："那就多不可数了。"于是吕不韦说："现今努力种地，还是穿不暖、吃不饱；如果帮助国君即位，恩泽可以留给后代。我愿意去做这件事。"

注 释

❶濮阳：卫邑。在今河南濮阳西南。吕不韦：战国末卫国濮阳（今河南濮阳西南）人。原为大商人，因助秦庄襄王继位，封文信侯。贾（gǔ）：做买卖。邯郸：赵国都城。

❷质子：犹"人质"。异人：战国时秦国君。昭王之孙。公元前249—前247年在位。名异人。后即位为庄襄王。

❸利：盈利。

❹珠玉：此指做珠玉的买卖。赢：余利，利润。

❺立：拥立。

❻世：指后代。

❼事：从事。

【原文】

秦子异人质于赵，处于廖城①。故往说之曰②："子傒有承国之业③，又有母在中④。今子无母于中⑤，外托于不可知之国⑥，一日倍约⑦，身为粪土。今子听吾计事⑧，求归，可以有秦国⑨。吾为子使秦⑩，必来请子。"

【译文】

秦国公子异人在赵国做人质，居住在廖城。吕不韦便去劝异人说："太子子傒有继承君位的资格，又有他的母亲在宫内支持。现今您既没有母亲在宫内相助，又远在国外，寄居于一个祸福难料的国家，一旦撕毁盟约，您就成为一堆粪土了。现在您如果听我的计谋，要求回国，就可以得到秦国的君位。现在我替您到秦国跑一趟，秦国一定来迎接您。"

注 释

❶处：居住。廖（yí）城：聊城。在今山东聊城西北。

❷说：劝说。

❸子傒：秦太子，异人的异母弟。承国：继承君位。

❹中：内，指宫内。

❺无母：异人母夏姬，不得宠，故言如无母在宫内。

❻托：寄托，寄居。

❼倍：通"背"，背弃。

❽计事：计谋。

❾有秦国：指继承秦国君位。

❿使：出使。

【原文】

乃说秦王后弟阳泉君曰①："君之罪至死，君知之乎？君之门下无不居高尊位，太子门下无贵者②。君之府藏珍珠宝玉③，君之骏马盈外厩④，美女充后庭⑤。王之春秋高⑥，一日山陵崩⑦，太子用事⑧，君危于累卵而不寿于朝生⑨。说有可以一切⑩，而使君富贵千万岁，其宁于太山四维⑪，必无危亡之患矣⑫。"阳泉君避席⑬，请闻其说。不韦曰："王年高矣，王后无子⑭，子傒有承国之业，士仓又辅之⑮。王一日山陵崩，子傒立，士仓用事，王后之门必

【译文】

吕不韦就劝华阳夫人的弟弟阳泉君说："您要遭杀身之祸了，您知道吗？您的门下诸君没有谁不身居要职，而太子门下倒没有地位尊贵的人。您的仓库藏有珍珠宝玉，您的马棚养满了骏马，后宫充满了美女。但是君王的年纪很大了，一旦逝世，太子执政，您就危如累卵，像木槿花一样短命。我倒有一个权宜之计，能使您富贵千万年，稳如泰山，一定没有什么危亡的忧愁了。"阳泉君就离开座席，上前向吕不韦请教。吕不韦说："秦王年纪很大了，华阳夫人没有儿子，子傒有继承君位的资格，士仓又辅助他。秦王一旦逝世，子傒即位，士仓执政，华阳夫人的门前一定冷落得长起蓬蒿了。公子异人是个有才德的人，目前他被遗弃在赵国，又没有母

生蓬蒿⑯。子异人贤材也⑰,弃在于赵,无母于内,引领西望,而愿一得归⑱。王后诚请而立之⑲,是子异人无国而有国⑳,王后无子而有子也。"阳泉君曰:"然。"入说王后,王后乃请赵而归之。

亲在宫内帮助他,他整天翘首西望,巴不得立刻回国。华阳夫人如果肯请求秦王立他为太子,那么不能继承君位的异人也能继承君位了,没有儿子的华阳夫人也有儿子了。"阳泉君说:"对。"于是他进宫劝说华阳夫人,华阳夫人就请求赵国把异人送回国。

注释

❶秦王后:指秦孝文王后华阳夫人。阳泉君:华阳夫人弟。

❷太子:指子傒。

❸府:府库,收藏财物的地方。

❹厩(jiù):马棚。

❺后庭:犹"后宫",古指姬妾的住处。

❻春秋:指年纪。

❼一日:犹"一旦"。山陵崩:比喻帝王死亡。

❽用事:指执政。

❾朝(zhāo)生:木槿,其花朝开暮落,比喻时间短促。

❿说:主意。此指计谋。

⓫四维:指东南、西南、东北、西北四隅。

⓬患:忧患。

⓭避席:古人席地而坐,离席起立,以示敬意。

⓮王后:指华阳夫人。

⓯士仓:昭王时的秦相杜仓。

⓰生蓬蒿:比喻门庭冷落。

⓱贤材:指有才德的人。

⓲引领:伸长脖子,形容殷切希望。一:一旦,有一天。

⓳诚:如果,果真。立:指立为太子。

⑳是：这。无国：指无权继承君位。

【原文】

赵未之遣①，不韦说赵曰："子异人，秦之宠子也，无母于中，王后欲取而子之②。使秦而欲屠赵③，不顾一子以留计④，是抱空质也⑤。若使子异人归而得立，赵厚送遣之⑥，是不敢倍德畔施⑦，是自为德讲⑧。秦王老矣，一日晏驾⑨，虽有子异人，不足以结秦⑩。"赵乃遣之。

【译文】

赵国不肯送回异人，吕不韦就劝赵王说："异人是秦王宠爱的公子，他的生母在宫内没有地位，华阳夫人想要回他来做自己的儿子。假使秦国想要灭掉赵国，就不会因为顾怜一个质子而搁置原定计划，那赵国只是留住了一个没有用处的人质。如果让异人回国而被立为太子，赵国用厚礼送他回国，他是不会忘恩负义的，这是赵国用恩德主动同秦国和好。现在秦王已老了，一旦逝世，即使您手里有异人这个人质，也不足以和秦国结交。"于是赵国就把异人遣送回国。

注释

① 遣：送回。
② 子之：以之为己子。
③ 使：假使。屠赵：指攻破赵国，并大规模地残杀赵国居民。
④ 留计：搁置原定计划。
⑤ 抱：持，拥有。空质：指不起作用的人质。
⑥ 厚：厚礼。
⑦ 倍：通"背"。畔：通"叛"。施：指恩惠。
⑧ 讲：和解。
⑨ 晏驾：指帝王死亡。
⑩ 结：结交。

【原文】

异人至，不韦使楚服而见①。王后悦其状，高其知②，曰："吾楚人也。"而自子之③，乃变其名曰楚④。王使子诵⑤，子曰："少弃捐在外⑥，尝无师傅所教学⑦，不习于诵⑧。"王罢之，乃留止⑨。间曰："陛下尝轫车于赵矣⑩，赵之豪杰得知名者不少。今大王反国，皆西面而望⑪。大王无一介之使以存之⑫，臣恐其皆有怨心，使边境早闭晚开。"王以为然，奇其计。王后劝立之。王乃召相，令之曰："寡人子莫若楚⑬。"立以为太子。

【译文】

异人到了秦国，吕不韦让他穿上楚国服装去谒见华阳夫人。华阳夫人很喜欢他的仪表，夸奖他聪明，说："我是楚国人。"她就把异人认作自己的儿子，并且给异人改名叫楚。秦王让异人背诵学过的书，异人说："我小时候就在赵国做人质，没有老师教我，不会背什么书。"秦王也就不再叫他背了，让他在宫中住下。异人趁秦王有空时说："父王曾经在赵国停留过，赵国的豪杰能知道您名字的人不少。现在大王回国了，他们都惦念着您。可是大王没有派过一个使者去慰问他们，我担心他们都有怨恨之心，您最好下令让边关上的门早闭晚开。"秦王认为异人说得对，是个有才能的人。这时，华阳夫人就鼓动秦王立异人为太子。秦王就召丞相前来，对他下令说："我的儿子们没有赶上子楚的。"于是把异人立为太子。

注 释

❶楚服：指穿上楚国服装。
❷状：状貌，样子。知：通"智"。
❸而：犹"乃"。之：指异人。
❹变：改。
❺诵：指背诵所习之书。
❻少：年少。弃捐：抛弃。
❼师傅：指老师。

❽习：练习。

❾罢：停止。留止：居住。

❿间：空闲。轫车：停车。轫，抵住车轮的木头，车发动时抽去。

⓫西面：脸朝西。望：远看。

⓬一介：一个。使：使者。存：慰问。

⓭若：及，赶上。

【原文】

子楚立①，以不韦为相，号曰文信侯②，食蓝田十二县③。王后为华阳太后④，诸侯皆致秦邑⑤。

【译文】

后来，子楚即君位，任命吕不韦为丞相，封号为文信侯，以蓝田等十二个县的租赋为吕不韦的俸禄。王后被封为华阳太后，各诸侯国都给秦国送来封邑。

注 释

❶立：指子楚即君位，为庄襄王。

❷号：封号。

❸食蓝田十二县：以蓝田等十二个县的租赋为吕不韦的俸禄。食，食禄，俸禄。

❹太后：诸侯、帝王之母的称谓。

❺致：送。

文信侯欲攻赵以广河间（秦策五）

题 解

本篇描绘了一个多谋善辩的少年策士的形象。甘罗是甘茂的孙子，十二岁做秦相吕不韦的家臣。吕不韦指派张唐"相燕"，张唐抗命不从。甘罗却能针对张唐的心理特点，以历史事实和当前吕不韦的权势开导张唐，使他认识到抗命不从的可怕后果，并立即答应"相燕"。吕不韦企图联合燕国攻赵，以扩大在河间地区的封地。甘罗主动请求出使赵国，以威逼利诱的手段迫使赵王割让五座城池给秦王"以广河间"，又迫使赵国攻取燕国三十六县，而秦国坐收渔翁之利。甘罗有功于秦，被封为上卿。司马迁在《史记·樗里子甘茂列传》的论赞中说："甘罗年少，然出一奇计，声称后世。虽非笃行之君子，然亦战国之策士也。"这个评价是符合实际的。

【原文】

文信侯欲攻赵以广河间①，使刚成君蔡泽事燕三年②，而燕太子质于秦③。文信侯因请张唐相燕④，欲与燕共伐赵，以广河间之地。张唐辞曰："之燕者必径于赵⑤，赵人得唐者⑥，受百里之地。"文信侯去而不快⑦。少庶子甘罗曰⑧："君侯何不快甚也？"文信侯曰："吾令刚成蔡泽事燕三

【译文】

文信侯想要攻打赵国，以便扩大他在河间地区的封地，他派遣刚成君蔡泽到燕国办事三年后，燕太子丹就来到秦国做人质了。文信侯因而亲自请张唐去辅佐燕国，打算同燕国一起攻打赵国，以扩大河间的封地。张唐推辞说："到燕国去一定要取道赵国，赵国人若抓住我，就能得到百里的封地。"文信侯很不高兴地离开了。少庶子甘罗问道："您为什么这么不高兴？"文信侯说："我派刚成君蔡泽到燕国办

年,而燕太子已入质矣。今吾自请张卿相燕而不肯行⑨。"甘罗曰:"臣请行之⑩。"文信侯叱去曰⑪:"我自行之而不肯,汝安能行之也⑫?"甘罗曰:"夫项橐生七岁而为孔子师⑬,今臣生十二岁于兹矣⑭,君其试臣,奚以遽言叱也⑮?"

事三年后,燕太子丹就来到我们秦国做人质了。今天我亲自请张唐去辅佐燕国,他却不肯去。"甘罗说:"我能让他去。"文信侯呵斥他说:"我亲自叫他去,他都不肯去,你怎么能叫他去呢?"甘罗说:"项橐七岁就当了孔子老师,如今我可是已经十二岁了,您让我去试试,何必马上就呵斥我呢?"

注释

❶ 文信侯:吕不韦。广:扩大。河间:地名。指漳、河之间。

❷ 蔡泽:燕国人,曾为秦相,封刚成君。

❸ 燕太子:指燕太子丹,战国末年燕王喜太子。名丹。曾入质于秦,后逃归。质:做人质。

❹ 张唐:秦臣,昭王时为将军,曾率兵攻魏赵等地。相:辅佐。

❺ 径:取道,经过。

❻ 得:获得,捕获。

❼ 去:离开。快:愉快。

❽ 少庶子:官名,战国时各国封君、相国、县令的近侍之臣。甘罗:甘茂之孙,吕不韦的家臣。

❾ 张卿:张唐。卿,对人的敬称。

❿ 行之:使之行。

⑪ 叱(chì):大声呵斥。

⑫ 安:疑问代词,怎么。

⑬ 项橐:春秋时人,相传年七岁为孔子师。

⑭ 于兹:如今,到现在。兹,今。

⑮ 奚以:何以,为什么。遽言:匆忙,马上。

【原文】

甘罗见张唐曰："卿之功孰与武安君①？"唐曰："武安君战胜攻取，不知其数；攻城堕邑②，不知其数。臣之功不如武安君也。"甘罗曰："卿明知功之不如武安君欤③？"曰："知之。""应侯之用秦也，孰与文信侯专④？"曰："应侯不如文信侯专。"曰："卿明知为不如文信侯专欤？"曰："知之。"甘罗曰："应侯欲伐赵，武安君难之⑤，去咸阳七里，绞而杀之⑥。今文信侯自请卿相燕，而卿不肯行，臣不知卿所死之处矣！"唐曰："请因孺子而行⑦！"令库具车，厩具马，府具币⑧，行有日矣⑨。甘罗谓文信侯曰："借臣车五乘⑩，请为张唐先报赵⑪。"

【译文】

甘罗见到张唐问道："你的功劳比武安君怎么样？"张唐回答说："武安君打的胜仗，不知其数；攻克的城池，不知其数。我的功劳不如武安君。"甘罗接着问道："你确实知道功劳不如武安君吗？"张唐说："确实知道。"甘罗又问道："当初应侯在秦国当权时，比起现在的文信侯来，哪一个更专断？"张唐回答说："应侯不如文信侯专断。"甘罗接着问道："你真知道应侯不如文信侯那样专断吗？"张唐说："真知道。"于是甘罗说："应侯想要攻打赵国，武安君反驳他，应侯就在离咸阳七里的地方，把武安君绞死了。现在文信侯亲自请你去做燕相，你却不肯去，我不知道你将要死在何处！"张唐说："请您转告文信侯，我愿意前往！"于是吩咐管理车库、马棚、库房的人分别准备车、马和礼品，出发日期也定下来了。甘罗就对文信侯说："请您借给我五辆马车，请让我先替张唐去通报赵王一声。"

注释

❶孰与：犹言"何如"，比……怎么样。武安君：秦将白起。

❷堕：毁坏。此指攻陷。

❸欤：语气词，表疑问。

❹应侯：范雎，秦昭王时相秦，封于应。用：执政，当权。专：专擅，独断

独行。

❺难：驳诘，反驳。

❻去：离。咸阳：秦国都城。在今陕西咸阳东北。绞而杀之：据《战国策·秦策三》《史记·白起王翦列传》，白起是被迫自杀的。

❼孺子：童子。此指甘罗。

❽具：备办。厩（jiù）：马棚。府：收藏钱财的地方。币：礼品。

❾有日：有了日期。

❿乘（shèng）：古时四马一车为一乘。

⓫报：报告，告诉。

【原文】

见赵王①，赵王郊迎。谓赵王曰："闻燕太子丹之入秦与②？"曰："闻之。""闻张唐之相燕与？"曰："闻之。""燕太子丹入秦者，燕不欺秦也。张唐相燕者，秦不欺燕也。秦、燕不相欺，则伐赵危矣③。燕、秦所以不相欺者，无异故④，欲攻赵而广河间也。今王赍臣五城以广河间⑤，请归燕太子⑥，与强赵攻弱燕。"赵王立割五城以广河间，归燕太子。赵攻燕，得上谷三十六县⑦，与秦什一⑧。

【译文】

甘罗去见赵王，赵王亲自到郊外迎接。甘罗对赵王说："听说燕太子丹到秦国去了吗？"赵王回答："听说了。"甘罗又问道："听说张唐去燕国为相的事情了吗？"赵王回答："听说了。"于是甘罗说："燕太子丹到了秦国，表明燕国不欺骗秦国。张唐去燕国为相，表明秦国不欺骗燕国。只要秦、燕两国不互相欺骗，联合起来攻打赵国，赵国就危险了。燕、秦两国不互相欺骗，没有别的缘故，就是想攻打赵国以便扩大河间一带的封地。如今大王割给我五座城以扩大河间的封地，我就能让秦王把燕太子丹送回国，与强大的赵国一同去攻弱小的燕国。"赵王立即割让五座城给秦国，秦国也把燕太子丹送回去了。接着，赵国攻打燕国，取得燕国上谷地区三十六个县，送给了秦国十分之一。

注 释

❶赵王：赵悼襄王，名偃，赵孝成王之子。公元前245—前236年在位。
❷与：欤。
❸代赵：赵国。代本古国，被赵吞并。
❹异故：别的缘故。
❺赍：以物送人。
❻归燕太子：使燕太子回国，表示断绝秦与燕的结盟关系。
❼上谷：郡名。在今河北怀来一带。
❽与：给。什一：十分之一。

齐策

靖郭君将城薛（齐策一）

题 解

本篇写齐人谏阻田婴在封地筑城事。齐人先言之以奇词，引起田婴的好奇心，由此打开拒谏的大门，后晓之以大义，以鱼和水为喻，说明其中的利害关系，田婴因此改变了主意。此比喻形象生动，收到了非常好的效果。

【原 文】

靖郭君将城薛①，客多以谏②。靖郭君谓谒者无为客通③。齐人有请者曰："臣请三言而已矣④！益一言，臣请烹⑤。"靖郭君因见之⑥。客趋而进曰⑦："海大鱼。"因反走⑧。君曰："客有于此⑨。"客曰："鄙臣不敢以死为戏⑩。"君曰："亡，更言之⑪。"对曰："君不闻海大鱼乎？网不能止，钩不能牵⑫，荡而失水，则蝼蚁得意焉⑬。今夫齐，亦君之水

【译 文】

靖郭君要在薛地筑城墙，宾客纷纷劝阻。靖郭君便吩咐传达人员说不要给门客通报。有个齐国人请求接见，说："请让我说三个字就行了！如果多说一个字，就请您把我下锅煮死。"靖郭君就接见了他。那人快步走上前说："海大鱼。"话音未落，掉头就跑。靖郭君说："先生可留下把话说完。"那人说："我不敢拿死当儿戏。"靖郭君便说："不会的，您再讲下去吧。"那人就说："您没听说过海里的大鱼的故事吗？网捕不住它，钩子钩不住它，一旦离开了海水，就连蝼蛄和蚂蚁也会得意洋洋地在它身上乱啃。现今齐国，也就是您的海水啊。您长期

也。君长有齐阴，奚以薛为⑭？失齐，虽隆薛之城到于天，犹之无益也⑮。"君曰："善。"乃辍城薛⑯。

有齐国的庇护，还用得着到薛地筑城墙吗？如果失掉了齐国，就算把城墙筑得天一般高，仍旧是没用的。"靖郭君说："对。"于是停止在薛地筑城墙。

注释

❶靖郭君：齐相田婴的封号，齐威王少子，孟尝君之父。城：城墙。此指筑城墙。薛：田婴的封地。在今山东滕州东南。

❷谏：下对上的劝告。筑城易引起齐王猜疑，对田婴不利，故谏。

❸谒者：专管接待来客并向主人通报的人。通：传达，通报。

❹三言：三个字。已：停止，指说完话。

❺益：增加。烹：古代酷刑，把人放到沸水或沸油锅里煮死。

❻因：于是，就。

❼趋：疾走，快步而行。

❽走：跑。

❾有：在。此指留下。

❿鄙臣：自称的谦辞。戏：游戏。

⓫亡：犹"否"。更：再。

⓬止：禁。此处有捕捉的意思。牵：牵引。此处有钩住的意思。

⓭蝼蚁：蝼蛄和蚂蚁。得意：得逞其意，指可以任意而为。

⓮阴：庇护。薛：此指在薛筑城。

⓯隆：高，指高筑。犹之：仍旧，还是。

⓰辍：停止。

邹忌修八尺有余（齐策一）

题 解

本篇写邹忌规劝齐王纳谏除弊，行文之妙在于借用家庭琐事说明有权势者易受蒙蔽的大道理，寓理于事，因小见大，说理浅显而发人深思，很有说服力。成语"门庭若市"即出自本篇。

【原文】

邹忌修八尺有余①，身体昳丽②。朝服衣冠，窥镜③，谓其妻曰："我孰与城北徐公美④？"其妻曰："君美甚。徐公何能及君也⑤！"城北徐公，齐国之美丽者也。忌不自信，而复问其妾曰："吾孰与徐公美？"妾曰："徐公何能及君也！"旦日⑥，客从外来，与坐谈，问之客曰⑦："吾与徐公孰美？"客曰："徐公不若君之美也⑧！"

【译文】

邹忌身高八尺多，容貌很漂亮。有一天早晨，他穿上衣服，戴好帽子，照了照镜子，对他的妻子说："我同城北徐公比，哪一个漂亮？"他的妻子说："您漂亮极了。徐公怎能赶得上您呢！"邹忌不相信自己比徐公漂亮，又问他的妾说："我同徐公比，哪一个漂亮？"他的妾说："徐公怎能赶上您呀！"第二天，有个客人从外面来，邹忌同他坐下谈话，问客人说："我同徐公，哪一个漂亮？"客人回答说："徐公不如您漂亮。"

注 释

❶邹忌：战国时人。以讽喻善谏见称。曾以鼓琴节奏喻说齐威王以治国之道，被任为相国。后封于下邳（今江苏睢宁北），号"成侯"。修：长。尺：指周尺，一尺约20厘米。

❷映（yì）丽：光艳美丽。

❸朝（zhāo）：早晨。服：指穿戴。窥镜：照镜子。窥，窥视。

❹徐公：人名。

❺及：赶上。

❻旦日：明日。

❼之：指"比美"一事。

❽不若：不如。

【原文】

明日①，徐公来，孰视之②，自以为不如；窥镜而自视，又弗如远甚③。暮寝而思之④，曰："吾妻之美我者，私我也⑤；妾之美我者，畏我也；客之美我者，欲有求于我也。"

【译文】

又过了一天，徐公来了，邹忌仔细端详他，自己认为不如徐公漂亮；对着镜子看看自己，又觉得与徐公相差很远。晚上躺下休息时思考这件事，说："我的妻子说我漂亮，是偏爱我；妾说我漂亮，是畏惧我；客人说我漂亮，是有求于我。"

注 释

❶明日：指客人来后的第二天。

❷孰视：仔细地看。

❸弗如：不如。远甚：很远。

❹寝：躺下休息。

❺美我：以我为美。私：偏爱。

【原文】

于是入朝见威王曰①："臣诚知不如徐公美②，臣之妻私臣，臣之妾畏臣，臣之客欲有求于臣，皆以美于徐公③。今齐地方千里，百二十城，宫妇左右④，莫不私王；朝廷之臣，莫不畏王；四境之内，莫不有求于王。由此观之，王之蔽甚矣⑤！"

【译文】

于是邹忌到朝廷去见齐威王说："我确实知道我不如徐公漂亮，我的妻子偏爱我，我的妾害怕我，我的客人有求于我，都认为我比徐公漂亮。现今齐国的土地纵横千里，有一百二十座城，大王宫中的后妃和身边的侍从，没有不偏爱大王的；朝廷里的臣子，没有不畏惧大王的；全国的人，没有不有求于大王的。由此看来，大王受蒙蔽一定很深了！"

注释

❶威王：战国时齐国的国君。齐桓公田午之子。公元前356—前320年在位。田氏，名因齐，一作"婴齐"。
❷诚：确实。
❸以：以为。
❹宫妇：后妃。
❺蔽：蒙蔽。

【原文】

王曰："善。"乃下令①："群臣吏民能面刺寡人之过者②，受上赏；上书谏寡人

【译文】

齐威王说："对。"于是发布命令："所有大臣、小吏和百姓能当面指责我的过错的，得上等的赏赐；上书劝诫我的，

者，受中赏；能谤议于市朝③，闻寡人之耳者，受下赏。"令初下，群臣进谏，门庭若市④；数月之后，时时而间进⑤；期年之后⑥，虽欲言，无可进者。燕、赵、韩、魏闻之，皆朝于齐⑦。此所谓战胜于朝廷⑧。

得中等的赏赐；能在公共场所提出批评，传到我的耳中的，得下等的赏赐。"命令刚颁布的时候，群臣都来进言，门庭若市；几个月后，断断续续地有人来进谏；一年以后，即使有人想进言，也没什么可说的了。燕、赵、韩、魏等国听到这件事，都来齐国朝见。这就是人们所说的通过在朝廷里的举措征服了敌国。

注释

❶乃：就，于是。

❷面刺：当面指责。

❸谤议：公开指责别人的缺点和错误。市朝：泛指公共场所。

❹门庭若市：形容上门者众多。门庭，门口和庭院。

❺时时：偶尔。间：间或。

❻期（jī）年：一整年。

❼朝：朝见。

❽战胜于朝廷：指无需动用武力，仅通过智慧、策略或政治手腕便取得了对敌国的胜利。

昭阳为楚伐魏（齐策二）

题 解

本篇写陈轸从个人得失的角度劝说昭阳不要乘胜攻齐，在说辞中插入了"画蛇添足"这一寓言故事，巧寓机锋，增强了说服力。陈轸指出，昭阳已经得到了楚国最高的武官职位，继续攻打齐国只会徒劳无功，甚至可能危及自身安全。陈轸的这番话最终打动了昭阳，使他放弃了攻打齐国的计划，从而避免了一场无谓的战争。从整个事件来看，昭阳的军事才能无疑值得称赞，但他在取得胜利后的贪欲和冒进则显得有些不明智。而陈轸则通过智慧和口才成功地化解了一场潜在的危机，展现出了他的过人智慧和外交才能。这一事件也告诉我们，在取得成功后应该保持冷静和理智，不要盲目追求更大的利益而陷入不必要的风险之中。

【原 文】

昭阳为楚伐魏①，覆军杀将得八城②，移兵而攻齐。陈轸为齐王使③，见昭阳，再拜贺战胜④，起而问⑤："楚之法，覆军杀将，其官爵何也⑥？"昭阳曰："官为上柱国，爵为上执圭⑦。"陈轸曰："异贵于此者何也⑧？"曰："唯令尹耳⑨。"陈轸曰："令

【译 文】

昭阳为楚国讨伐魏国，打败魏军，杀死魏将，夺得八座城邑，接着又调兵攻打齐国。陈轸受齐王派遣，去见昭阳，他先向昭阳行了再拜礼，祝贺他打了胜仗，然后起身问道："按楚国的制度，打败敌军、杀死敌将的人，能封什么官职、爵位？"昭阳回答说："官职是上柱国，爵位是上执圭。"陈轸问道："比这更尊贵的是什么官爵呢？"昭阳答道："那就只有令尹了。"于是陈轸说："令

尹贵矣！王非置两令尹也⑩，臣窃为公譬可也⑪。楚有祠者⑫，赐其舍人卮酒⑬。舍人相谓曰：'数人饮之不足，一人饮之有余。请画地为蛇⑭，先成者饮酒。'一人蛇先成，引酒且饮之⑮，乃左手持卮，右手画蛇，曰：'吾能为之足⑯。'未成，一人之蛇成，夺其卮曰：'蛇固无足，子安能为之足⑰？'遂饮其酒。为蛇足者，终亡其酒⑱。今君相楚而攻魏⑲，破军杀将得八城，不弱兵⑳，欲攻齐，齐畏公甚㉑。公以是为名亦足矣㉒，官之上非可重也㉓。战无不胜而不知止者㉔，身且死，爵且后归㉕，犹为蛇足也！"昭阳以为然，解军而去。

尹固然尊贵！可是国君不会设置两个令尹，我为您打个比方。楚国有个祭祀的人，赏给他的门客一壶酒。这些人商量说：'几个人喝这壶酒不够，一个人喝又有余。让我们各自在地上画条蛇，先画好的喝这壶酒。'有一个人先把蛇画好了，拿过酒来快要喝的时候，左手端着酒壶，右手又画起蛇来，说：'我能给它画上脚。'蛇脚还没有画完，另一个人已把蛇画好了，那人一把夺过那壶酒说：'蛇本来没有脚，你怎能给它画脚呢？'说着就把酒喝掉了。给蛇画脚的人，终于没有喝到酒。现今您辅佐楚国攻打魏国，打败魏军，杀死魏将，夺得八座城邑，又要调动军队攻打齐国，齐国很害怕您。您靠伐魏这场战争取得的威名已经远扬，您的官爵也不可能再提高了。况且战无不胜而不晓得适可而止的人，将会在战争中丧命，连爵位也会被后来的将军夺去，这就像给蛇画脚一样！"昭阳认为说得对，就撤兵离开了齐国。

注释

❶昭阳：战国时楚国的将领。楚怀王六年（前323），怀王派昭阳将兵伐魏，在襄陵大破魏军。

❷覆：覆没。

❸陈轸：战国时策士。齐威王三十四年（前323），楚胜魏，移兵攻齐，他为齐使，以"画蛇添足"的故事劝楚罢兵。齐王：战国时齐国君。桓公之子。公元前356—前320年在位。田氏，名因齐，一作"婴齐"。

❹再拜：先后拜两次，表示礼节隆重。

❺起：指跪拜礼完毕起身。

❻官：官职。爵：爵位。

❼上柱国：官名。战国楚置，原为保卫国都之官，后为最高武官。其地位仅次于令尹、相国。上执圭：亦作"执珪"。爵位名。古时诸侯国以圭赐功臣，使持圭朝见，称为执圭。

❽异：其他，别的。

❾唯：只有。令尹：楚国的最高官职，总掌军政大权，多用楚王子孙担任。耳：罢了。

❿置：设置。

⓫窃：用来表示个人意见时的谦辞。譬：比喻。

⓬祠者：祭祀的人。

⓭舍人：门客。战国及汉初王公贵官均有舍人。卮（zhī）：古代一种盛酒的器皿。

⓮画地：在地上画。

⓯引：拿，举。且：将要。

⓰为：画。之：代词，指"蛇"。

⓱安：疑问代词，怎么。

⓲亡：丢，失掉。

⓳相（xiàng）：辅佐。

⓴弱兵：当作"移兵"。

㉑公：对人的敬称。

㉒以：凭借。是：这。此指伐魏的战绩。

㉓重（zhòng）：增益，增加。

㉔不知止：指不知适可而止。

㉕后归：指归于后人。

孟尝君将入秦（齐策三）

题 解

秦昭王听说孟尝君贤能，就先派自己的弟弟泾阳君到齐国做人质，请孟尝君到秦国去。正在齐国执政的孟尝君认识不到离开故国、西行入秦的风险，抱着不切实际的幻想，执意要去秦，门客们万般劝说都无效。这时苏秦亲自出马，就地取材，即兴发挥，以"桃梗土偶"的寓言故事把孟尝君可能遭遇的处境比喻得十分生动形象，打消了孟尝君去秦的念头。后人常以"桃梗土偶"形容人漂泊不定，东奔西走。

【原文】

孟尝君将入秦①，止者千数而弗听②。苏秦欲止之，孟尝曰："人事者③，吾已尽知之矣；吾所未闻者，独鬼事耳④。"苏秦曰："臣之来也，固不敢言人事也⑤，固且以鬼事见君⑥。"

【译文】

孟尝君要到秦国去，有上千的人劝阻他，可是他一概不听。苏秦也想劝阻他，孟尝君就说："人世间的事，我已全都知道了；我所没有听过的，只有鬼事罢了。"苏秦说："我这次来，本来不敢谈人事，就姑且跟您谈谈鬼事吧。"

注 释

❶孟尝君：战国时齐贵族。田氏，名文。袭其父田婴的封邑薛（今山东滕州东南），称"薛公"，号"孟尝君"。与魏信陵君、赵平原君、楚春申君合称"战国四公子"。

❷止者：谏止孟尝君入秦的人。

❸人事：人间事。

❹独：只。耳：罢了。

❺固：本来。

❻固且：姑且。

【原文】

孟尝君见之。谓孟尝君曰："今者臣来，过于淄上①，有土偶人与桃梗相与语②。桃梗谓土偶人曰：'子，西岸之土也，埏子以为人③，至岁八月，降雨下④，淄水至，则汝残矣⑤。'土偶曰：'不然。吾西岸之土也，吾残则复西岸耳⑥。今子，东国之桃梗也⑦，刻削子以为人，降雨下，淄水至，流子而去⑧，则子漂漂者将何如耳⑨。'今秦，四塞之国⑩，譬若虎口，而君入之，则臣不知君所出矣。"孟尝君乃止⑪。

【译文】

孟尝君就接见了他。苏秦对孟尝君说："我这次来，从淄水边上路过，遇见一个泥人同一个桃木人在那里交谈。桃木人对泥人说：'你原是西岸的土，被捏成了泥人，一到八月，大雨降下，淄河上涨，你就完蛋了。'泥人反驳说：'不对。我本来就是西岸的土捏成的，即使我被冲毁了，也不过是再回到西岸去罢了。你本是东方的桃木，被刻成了人形，大雨降下，淄水上涨，把你冲走，还不知道你将要漂到哪里去呢。'如今秦国是四面皆有险塞的国家，就像虎口一样，而您却要到秦国去，我就不知道您怎么出来了。"于是孟尝君就留在了齐国。

注释

❶淄：水名。在今山东省境内。

❷土偶人：指用土捏成的人。桃梗：指用桃木刻成的人。

❸埏（shān）：揉黏土。

❹岁：年。降雨：大雨。

❺汝：你。残：毁坏。

❻复：回，还。

❼东国：相当于"东方"。

❽流：漂流。

❾如：往。

❿四塞：四边皆有要塞。

⓫止：留。

孟尝君有舍人而弗悦（齐策三）

题 解

本篇主要讲述了孟尝君因不喜欢一位门客而想要驱逐他，但在鲁仲连的劝说下，孟尝君认识到了"用人之长，避人之短"的道理，最终决定不驱逐这位门客。这个故事不仅赞扬了鲁仲连的睿智与包容，也批评了孟尝君的狭隘与偏见。同时也提醒我们在日常生活中，不要因为某人在某一方面的不足就轻易否定他，而应该看到并欣赏他的长处和优点。

【原 文】

孟尝君有舍人而弗悦①，欲逐之②。鲁连谓孟尝君曰③："猨狝猴错木据水④，则不若鱼鳖；历险乘危，则骐骥不如狐狸⑤。曹沫之奋三尺之剑，一军不能当⑥；使曹沫释其三尺之剑⑦，而操铫耨，与农夫居垄亩之中⑧，则不若农夫。故物舍其所长，之其所短，尧亦有所不及矣⑨。今使人而不能，则谓之不肖⑩；教人而不能，则谓之拙。拙则罢之⑪，不肖

【译 文】

孟尝君很不喜欢他身边的一个门客，想要把他赶走。鲁仲连就对孟尝君说："猿猴离开树木到了水里，它就不如鱼鳖；逾险阻，攀悬崖，骏马就不如狐狸。从前曹沫奋起三尺之剑，一支大军也无法抵挡；如果让曹沫放下那三尺长剑，拿起锄耨，与农夫一同在地里干活，他就不如农夫。所以一个人如果舍弃他的长处，使用他的短处，即使唐尧也有不如人的地方。现在使用人，如果他力不胜任，就认为他没出息；教一个人，如果他学不会，就认为他笨拙。认为他笨拙就把他罢免，认为他没出息就把他抛弃。

则弃之。使人有弃逐，不相与处，而来害相报者⑫，岂非世之立教首也哉！"孟尝君曰："善。"乃弗逐。

这些人被抛弃赶走，大家不能和他们一起相处，他们就会来伤害你、报复你，这哪里是世上的用人之道！"孟尝君说："对。"于是就不赶走那个人了。

注 释

❶舍人：门客。战国及汉初王公贵官均有舍人。弗悦：不喜欢。

❷逐：驱逐。

❸鲁连：鲁仲连，亦作"鲁仲子"。战国时齐国人。善谋策，常周游各国，排难解纷。

❹错：通"措"，放弃。据：犹"处"，居。

❺历：越过。乘：登。危：高。骐骥：良马。

❻曹沫：春秋时鲁国武士。鲁庄公十三年（前681）齐君与鲁君在柯（今山东阳谷东北）相会，他持剑相从，挟持齐君订立盟约，收回失地。一说曹沫即曹刿。奋：举起。当：抵挡。

❼使：假使。释：放。

❽铫：古代的一种大锄。耨：除草工具。垄亩：田地。

❾物：人。舍：舍弃，不用。尧：传说中的部落联盟领袖，史称唐尧。

❿谓：以为，认为。不肖：不贤。

⓫罢：罢免。

⓬不相与处：不能一起相处。报：报复。

齐欲伐魏（齐策三）

题 解

本篇写淳于髡用疾犬逐狡兔而田父得利的寓言劝阻齐王伐魏，与"鹬蚌相争，渔父得利"的故事有异曲同工之妙。这一故事不仅展示了淳于髡的智慧和口才，也深刻揭示了多方斗争中的战略真谛。这告诉我们，在复杂的局势中，要善于观察和分析，避免陷入无谓的争斗，以免被其他势力利用。

【原文】

齐欲伐魏，淳于髡谓齐王曰①："韩子卢者②，天下之疾犬也。东郭逡者，海内之狡兔也③。韩子卢逐东郭逡，环山者三，腾山者五④，兔极于前，犬废于后⑤；犬兔俱罢⑥，各死其处。田父见之，无劳倦之苦，而擅其功⑦。今齐、魏久相持，以顿其兵，弊其众⑧，臣恐强秦、大楚承其后，有田父之功。"齐王惧，谢将休士也⑨。

【译文】

齐国想要攻打魏国，淳于髡就对齐王说："韩子卢是天下跑得最快的猎犬。东郭逡是海内最狡猾的兔子。有一次，韩子卢追逐东郭逡，绕山三圈，翻山五座，前面的兔子跑不动了，后面的狗也累垮了；它们跑得精疲力尽，活活地累死在山上。这时有个老农看见了，就把它们捡回去了，没有费一点力气，却独自得到了好处。现在齐、魏两国相争，如果长期相持不下，军民都会因此而疲惫，我真担心强大的秦、楚两国会跟在后面，像那老农夫一样独享其利。"齐王很害怕，就下了撤军令。

注释

❶淳于髡（kūn）：战国时齐国人。姓淳于，曾受髡刑（截去头发），因称"淳于髡"。以博学强记著称。

❷韩子卢：犬名。

❸东郭逡：兔名。海内：四海之内，犹"天下"。狡：狡猾。

❹环山：指环绕山追逐。腾山：指翻越山头追逐。

❺极：尽。此指力量用尽。废：因疲倦而倒下。

❻罢：通"疲"，疲惫。

❼田父：年老的农民。擅：独揽。

❽顿：困顿，困倦。弊：疲劳。

❾谢将休士：停止出兵。谢，辞去，遣散。

齐人有冯谖者（齐策四）

题 解

本篇写孟尝君的门客冯谖为孟尝君巩固政治地位的故事。齐人冯谖因"贫乏不能自存"而寄食孟尝君门下。在别人眼中，冯谖是一个"无好""无能"之人，受到轻视，他却三歌"长铗归来"，要求提高生活待遇。这种不寻常的表现，又预示着他不是无能之辈。在待遇得到兑现后，他开始大显身手，展示其"能"。他为孟尝君焚券"市义"、谋复相位、请立宗庙于薛，表现出他的政治智慧和远见。文章以先抑后扬的手法刻画冯谖的形象，并且用孟尝君和门客来衬托冯谖的才能，情节发展跌宕起伏，有引人入胜之妙。成语"狡兔三窟""高枕而卧"即出自本篇。

【原 文】

齐人有冯谖者，贫乏不能自存①，使人属孟尝君②，愿寄食门下③。孟尝君曰："客何好④？"曰："客无好也。"曰："客何能？"曰："客无能也。"孟尝君笑而受之曰："诺⑤。"

【译 文】

齐国有个叫冯谖的人，穷困得不能养活自己，就托人去转告孟尝君，表示愿意到孟尝君门下当食客。孟尝君问道："客人爱好什么？"冯谖回答说："没有什么爱好。"孟尝君又问道："能干什么？"冯谖回答说："什么也干不了。"孟尝君笑着接受了冯谖，说："好吧！"

注 释

❶贫乏：贫穷困乏。存：活，生活。
❷属：嘱托。
❸寄食：依靠别人吃饭。此指在孟尝君门下当食客。
❹好：爱好。
❺之：指冯谖。诺：好。

【原文】

左右以君贱之也①，食以草具②。居有顷③，倚柱弹其剑，歌曰："长铗归来乎④！食无鱼。"左右以告⑤。孟尝君曰："食之，比门下之客⑥。"居有顷，复弹其铗⑦，歌曰："长铗归来乎！出无车。"左右皆笑之，以告。孟尝君曰："为之驾⑧，比门下之车客。"于是乘其车，揭其剑，过其友⑨，曰："孟尝君客我⑩。"后有顷，复弹其剑铗，歌曰："长铗归来乎！无以为家⑪。"左右皆恶之⑫，以为贪而不知足。孟尝君问："冯公有亲乎⑬？"对曰："有老母。"孟尝君使人给其食

【译文】

孟尝君身边的人认为孟尝君看不起他，就拿粗劣的食物给他吃。过了不久，冯谖倚着柱子，弹着他的剑，唱道："长剑啊，咱们回去吧！吃饭没有鱼。"孟尝君身边的人把这事报告给孟尝君。孟尝君说："给他鱼吃，把他当一般门客对待。"过了不久，冯谖又弹着他的剑，唱道："长剑啊，咱们回去吧！出门没有车子。"孟尝君身边的人都笑他，又把这事报告给孟尝君。孟尝君说："给他准备车马，让他享受乘车门客的待遇。"于是冯谖坐着他的车子，举着他的剑，访问他的朋友，说："孟尝君把我当客人看待了。"后来过了不久，冯谖又弹起他的剑，唱道："长剑啊，咱们回去吧！没有什么东西用来养家。"孟尝君身边的人都厌恶他，认为他贪得无厌。孟尝君问道："冯谖有父母吗？"回答说："有个老娘。"孟尝君派人供给

用⑭，无使乏。于是冯谖不复歌。

她吃用，不要让她缺少什么。于是冯谖不再唱歌了。

注 释

❶ 以：以为，认为。君：指孟尝君。贱：看不起。
❷ 草具：指粗劣的食物。
❸ 居有顷：过了不久。
❹ 铗（jiá）：此指剑。
❺ 左右：在旁侍候的人，近侍。
❻ 门下之客：此指中等门客。
❼ 复：又。
❽ 为之驾：给他准备车马。之，代词，指冯谖。驾，车马。
❾ 揭：举。过：过访，访问。
❿ 客我：以我为客。
⓫ 无以为家：指没有什么东西用来养家。
⓬ 恶：厌恶。
⓭ 公：对人的敬称。亲：指父母。
⓮ 给（jǐ）：供应。

【原 文】

后孟尝君出记①，问门下诸客："谁习计会，能为文收责于薛者乎②？"冯谖署曰③："能。"孟尝君怪之④，曰："此谁也？"左右曰："乃歌夫'长铗归来'者也⑤。"孟尝君

【译 文】

后来，孟尝君发布文告，询问门下诸位客人："有谁熟悉会计工作，替我到薛地去收债？"冯谖签上姓名，说："我能办到。"孟尝君觉得奇怪，问道："这是谁啊？"左右的人回答道："就是唱那'长铗归来'的人。"孟尝君笑着说："客人果真有才能啊！我亏

笑曰："客果有能也⑥！吾负之⑦，未尝见也。"请而见之，谢曰："文倦于事⑧，愦于忧⑨，而性懧愚⑩，沉于国家之事⑪，开罪于先生⑫。先生不羞⑬，乃有意欲为收责于薛乎⑭？"冯谖曰："愿之。"于是约车治装⑮，载券契而行⑯。辞曰："责毕收，以何市而反⑰？"孟尝君曰："视吾家所寡有者。"

待了他，还不曾接见过他呢。"孟尝君就请他来相见，向他道歉说："我被琐事搞得很疲劳，被忧心的事弄得心烦意乱，而我生性又懦弱愚笨，陷在国家事务的圈子里，得罪了先生。先生不见怪，竟有意要为我到薛地去收债吗？"冯谖回答道："愿意去收债。"于是冯谖备好车马，整好行装，载着契据去收债。他向孟尝君告辞说："债收完后，用债款买什么东西回来？"孟尝君说："看我家里缺少的买吧。"

注 释

❶记：文告。

❷计会：会计。文：孟尝君自称其名。责：通"债"。

❸署：签名，署己名于簿。

❹怪：奇怪。

❺夫：指示代词，那。

❻果：果真。

❼负：亏待。此指忽视冯谖的才能。

❽谢：道歉。事：指琐事。

❾愦：昏乱。

❿懧：同"懦"，懦弱。

⓫沉：沉溺。

⓬开罪：得罪。

⓭不羞：不以为羞，即不见怪的意思。

⓮乃：却，竟。

⓯约车：套车。治装：整治行装。

⓰券契：相当于后世的合同或契据。

⑰市：买。反：通"返"。

【原文】

驱而之薛①，使吏召诸民当偿者悉来合券②。券遍合③，起矫命④，以责赐诸民，因烧其券⑤，民称万岁。

【译文】

冯谖赶车到了薛地，就派官吏召集那些应当偿还债务的百姓都来核验借契。核验完毕后，冯谖就起身假托孟尝君的命令，宣布免掉百姓所欠的债款，当众烧掉了那些借契，百姓呼喊万岁。

注释

❶驱：策马。此指赶车。
❷当偿者：应当偿还债务的人。悉：尽，都。
❸合：核验。古时契约用木或竹做成，借贷双方各持一半，对证时，即将两券合一。
❹起：站起。矫命：假托命令。
❺因：于是。

【原文】

长驱到齐①，晨而求见。孟尝君怪其疾也②，衣冠而见之③，曰："责毕收乎？来何疾也！"曰："收毕矣。""以何市而反④？"冯谖曰："君云'视吾家所寡有者'。臣窃计⑤，君宫中积珍宝⑥，

【译文】

冯谖一路不停地赶车回到齐国，清晨就去求见孟尝君。孟尝君对他回来得这样快觉得奇怪，穿戴好衣帽就去见他，说："债收完了吗？为什么回来得这么快？"冯谖回答说："收完了。"孟尝君又问道："用债款买回什么了？"冯谖答道："您说'看我家里缺少的东西买'。我私下考虑，

狗马实外厩⑦，美人充下陈⑧。君家所寡有者，以义耳⑨！窃以为君市义。"孟尝君曰："市义奈何⑩？"曰："今君有区区之薛⑪，不拊爱子其民⑫，因而贾利之⑬。臣窃矫君命，以责赐诸民，因烧其券，民称万岁。乃臣所以为君市义也⑭。"孟尝君不说⑮，曰："诺。先生休矣！"

您的宫中堆满了珠、玉等宝物，猎狗和骏马挤满了外面的棚圈，美女站满了堂下。您家里所缺少的，只是义罢了！我私自用债款替您买了义。"孟尝君问道："买义是怎么回事？"冯谖说："现在您有小小的薛地，并不抚慰、爱护那里的百姓，反趁此以商人的手段向他们取利。我私自假托您的命令，把债款送给了百姓，于是烧掉了那些券契，百姓呼喊万岁。这就是我用来替您买义的方式啊。"孟尝君听了很不高兴，说："好。先生下去休息吧！"

注 释

① 长驱：一直赶车，不停留。

② 疾：急速。

③ 衣冠：用作动词，指穿衣戴帽，表示对冯谖的尊重。

④ 反：通"返"。

⑤ 窃：私下。

⑥ 珍宝：珠、玉等的总称。

⑦ 实：充实。

⑧ 下陈：堂下，古代宫殿陈列礼品、站立婢妾之处。

⑨ 以：仅，只。

⑩ 奈何：怎么样。

⑪ 区区：小小的。

⑫ 拊：通"抚"，抚慰。

⑬ 贾：商人。此指以商贾的手段。利：取利。

⑭ 所以：用来……的方法。

⑮ 说：通"悦"。

【原文】

后期年①，齐王谓孟尝君曰②："寡人不敢以先王之臣为臣③。"孟尝君就国于薛④。未至百里⑤，民扶老携幼，迎君道中⑥。孟尝君顾谓冯谖曰⑦："先生所为文市义者，乃今日见之⑧。"冯谖曰："狡兔有三窟，仅得免其死耳⑨。今君有一窟，未得高枕而卧也⑩。请为君复凿二窟。"孟尝君予车五十乘⑪，金五百斤，西游于梁⑫，谓梁王曰："齐放其大臣孟尝君于诸侯⑬，诸侯先迎之者，富而兵强。"于是梁王虚上位⑭，以故相为上将军⑮，遣使者，黄金千斤，车百乘，往聘孟尝君。冯谖先驱诫孟尝君曰⑯："千金，重币也；百乘，显使也。齐其闻之矣。"梁使三反，孟尝君固辞不往也⑰。

【译文】

过了一年，齐王对孟尝君说："我不敢把先王的臣子作为我的臣子。"于是孟尝君就到自己的封邑薛去了。在距离薛邑还有百余里的地方，百姓扶老携幼，在路上迎接孟尝君。孟尝君回过头来对冯谖说："先生替我买的义，我如今才看出来。"冯谖说："狡兔有三窟，仅仅免于死罢了。现在您有一窟，还不能高枕而卧，请让我为您再开凿两窟。"孟尝君给他五十辆车，五百斤黄金，让他向西到魏国游说，对魏王说："齐国把大臣放逐到外国去，诸侯有谁能先迎接他的，定能富国强兵。"于是魏王空出相位来，让原来的国相做上将军，派遣使者，带了一千斤黄金，一百辆车，去聘请孟尝君。冯谖抢先赶车去告诫孟尝君说："带着一千斤黄金，是厚重的聘礼；带着一百辆车子，是显赫的使节。齐国该听到这件事了。"魏国使者往返多次，孟尝君坚决推辞不去。

注释

❶期（jī）年：一整年。

❷齐王：指齐闵王。亦作"齐愍王"。战国时齐国君。宣王之子。公元前300—前284年在位。名地，一作"遂"。

❸先王：指齐宣王。

❹就国：指到自己的封邑去。

❺百里：指离薛一百里。

❻道中：道上。

❼顾：回头看。

❽乃：才。

❾耳：罢了。

❿高枕而卧：比喻无所顾虑。

⓫乘（shèng）：四马一车称一乘。

⓬梁：魏国。

⓭放：放逐。

⓮虚：空出。

⓯故相：指原来的国相。

⓰诫：告诫。

⓱反：通"返"，指往返。固辞：坚决推辞。

【原文】

齐王闻之，君臣恐惧，遣太傅赍黄金千斤，文车二驷，服剑一❶，封书谢孟尝君曰❷："寡人不祥❸，被于宗庙之祟❹，沉于谄谀之臣❺，开罪于君❻，寡人不足为也❼。愿君顾先王之宗庙❽，姑反国统万人乎❾？"冯谖诫孟尝君曰："愿请先王之祭器，立宗庙于薛❿。"庙成，还报孟尝君曰："三窟已就，君

【译文】

齐王听到了这个消息，君臣都很害怕，就派太傅带上一千斤黄金，彩车两辆，佩剑一把，并带去了对孟尝君道歉的信，信中说："我很不吉利，遭受祖宗降下的灾祸，被巴结逢迎的臣下迷惑，得罪了先生，我是不值得您辅助的。希望您看在先王的份上，姑且回国来治理百姓好吗？"冯谖告诫孟尝君说："希望您请求先王的祭器，在薛地建立宗庙。"宗庙建成了，冯谖回来报告孟尝君说："三窟已经凿成了，您可

姑高枕为乐矣⑪。" | 以高枕无忧,过快乐的日子了。"

注释

❶太傅:官名。西周始置,为辅弼君王的重要大臣。三公之一。赍(jī):以物送人。文车:绘有花纹的车子。驷(sì):四马一车为一驷。服剑:佩剑。

❷书:信。谢:道歉。

❸祥:吉利。

❹被:遭受。宗庙:祭祀祖宗的处所。此指祖宗。祟:灾祸。

❺谄谀:奉承,逢迎。

❻君:对人的尊称。

❼为:辅助,帮助。

❽顾:顾念。

❾反:通"返"。

❿立宗庙:古人重视宗庙,孟尝君与齐王同族,在薛地建立齐国先王的宗庙,孟尝君的地位就会更加巩固。

⓫三窟:指焚券市义、谋复相位和立宗庙于薛。就:完成。姑:姑且。

【原文】 【译文】

孟尝君为相数十年,无纤介之祸者①,冯谖之计也。 | 孟尝君做国相几十年,没有丝毫的祸患,这全靠冯谖的计谋啊。

注释

❶纤介:细微。介,通"芥"。

齐宣王见颜斶曰（齐策四）

题 解

本篇通过齐宣王与颜斶之间简短而精彩的对话，展现了一场君主与士人之间的思想交锋，深刻反映了当时的社会价值观和政治理念，具有极高的文学价值和思想深度。颜斶提出的"士贵耳，王者不贵"的观点，是对传统等级观念的一种挑战。一方面，他认为君主的地位和权力固然重要，但如果没有士人对国家的治理和贡献，国家将无法繁荣昌盛，显示出其傲岸不屈的性格；另一方面，他又受道家思想的影响，断然拒绝富贵利禄的诱惑，执意回归恬静纯正、自得其乐的隐居生活，坚守自己的精神家园，保持布衣之士的本色。这就反映出大变革时代一部分士的矛盾心态。成语"安步当车""返璞归真"即出自本篇。

【原 文】

齐宣王见颜斶曰："斶前①！"斶亦曰："王前！"宣王不悦。左右曰："王，人君也②，斶，人臣也。王曰'斶前'，斶亦曰'王前'，可乎？"斶对曰："夫斶前为慕势③，王前为趋士④；与使斶为慕势，不如使王为趋士。"王忿然作色⑤，曰："王者贵乎⑥？士贵

【译 文】

齐宣王召见颜斶说："颜斶过来！"颜斶也说："大王过来！"齐宣王听了很不高兴。齐王身边的人说："大王是做国君的，你是做臣子的。王说'颜斶过来'，你也说'王过来'，能这样说吗？"颜斶回答说："我主动走过去是贪慕权势，大王主动走过来是礼贤下士；与其让我贪慕权势，不如让大王礼贤下士。"齐王气得变了脸色，忿忿地说："王尊贵呢，还是士尊贵？"

乎?"对曰:"士贵耳,王者不贵。"王曰:"有说乎⑦?"斶曰:"有。昔者秦攻齐,令曰:'有敢去柳下季垄五十步而樵采者⑧,罪死不赦!'令曰:'有能得齐王头者,封万户侯,赐金千镒⑨。'由是观之,生王之头,曾不若死士之垄也⑩。"王默然不悦。

颜斶回答道:"自然是士尊贵,王不尊贵。"齐王问道:"讲这话有什么道理吗?"颜斶说:"有。从前秦国攻打齐国,秦王下令说:'如果有敢在离柳下季坟墓五十步以内的地方打柴的人,就要处以死刑,不予赦免!'又下令说:'如果有人能得到齐王头颅,就封万户侯,赏金一千镒。'由此看来,一个活王的头颅,还不如一座死士的坟墓呢。"听了这话,齐宣王默默不乐。

注 释

❶颜斶(chù):齐国的隐士。前:指向前来。

❷人君:国君。

❸慕:贪慕。

❹趋:趋向,接近。这里有礼遇的意思。

❺忿然:愤怒的样子。作色:改变脸色。

❻贵:尊贵。

❼说:说法,理由。

❽柳下季:春秋时鲁国大夫。展氏,名获,字禽。食邑于柳下。私谥惠,故称。垄:指坟墓。步:长度单位,周代以八尺为步。樵(qiáo):打柴。

❾镒(yì):古代重量单位,二十两为一镒。一说二十四两。

❿曾:竟然。

【原文】

左右皆曰:"斶来,斶来!大王据千乘之地而建千

【译文】

齐王身边的人都对颜斶说:"颜斶过来,颜斶过来!大王是拥有千乘战车的大

石钟①、万石簴②。天下仁义之士，皆来役处③；辩知并进，莫不来语④；东西南北，莫敢不服⑤。求万物无不备具，而百姓无不亲附。今夫士之高者乃称匹夫⑥，徒步而处农亩⑦；下者鄙野监门闾里⑧，士之贱也亦甚矣！"

国之君，并且拥有千石重的钟和万石重的钟架。天下的仁义之士，都来为齐效力；有口才、有智谋的人，都来为齐献策；东西南北各地的人，没有敢不服从的。齐王所要的各种东西无不齐备，百姓没有不亲近依附齐王的。现在那些境况最好的士人也不过称为匹夫，外出无车，从事农耕；下等的士只能住在穷乡僻壤，替人看门守户，士的地位也太低贱了！"

注释

❶千乘（shèng）：千辆兵车。诸侯大国，地方百里，出车千乘，因称千乘之地。石：古代重量单位，一百二十斤为一石。钟：乐器。

❷簴（jù）：通"虡"，悬挂钟、磬的木架，其两侧的柱叫"虡"，悬挂的横梁叫"筍"。此句意为齐王重视礼乐。

❸役处：犹言"投奔"。役，役使。处，居于其位，任职。

❹辩：指辩士。知：指智者。语：告诉。此指献谋略。

❺服：服从。

❻乃：才。匹夫：古指平民中的男子。

❼徒步：指无车代步。

❽下：指士之下者。鄙：远邑。野：郊外。监门：看门。闾里：民众聚居地，共二十五户，每闾里皆有巷，巷口有门，设卒守之。

【原文】

斶对曰："不然。斶闻古大禹之时，诸侯万国。何则？德厚之道①，得贵士之力也。

【译文】

颜斶回答说："不对。我听说大禹当政的时候，天下诸侯国有一万个。为什么这么多呢？这是因为道德崇高，得

故舜起农亩，出于野鄙而为天子。及汤之时，诸侯三千。当今之世，南面称寡者乃二十四②，由此观之，非得失之策与③？稍稍诛灭④，灭亡无族之时，欲为监门闾里，安可得而有乎哉⑤！是故《易传》不云乎⑥：'居上位未得其实⑦，以喜其为名者，必以骄奢为行⑧。据慢骄奢，则凶从之⑨。'是故无其实而喜其名者削⑩，无德而望其福者约⑪，无功而受其禄者辱⑫，祸必握⑬。故曰：'矜功不立，虚愿不至⑭。'此皆幸乐其名⑮，华而无其实德者也。是以尧有九佐⑯，舜有七友⑰，禹有五丞⑱，汤有三辅⑲，自古及今，而能虚成名于天下者无有⑳。是以君王无羞亟问，不愧下学㉑。是故成其德而扬功名于后世者，尧、舜、禹、汤、周文王是也。

力于推重贤士啊。所以虞舜原来只是农民，来自穷乡僻壤而能成为天子。到了商汤当政的时候，诸侯国仍有三千。当今之世，面向南方自称寡人的才二十四个，由此看来，诸侯国的兴亡，不正是由于得士或失士政策造成的吗？当诸侯逐渐被诛灭的时候，就是想要做个看门的，又怎么能办得到呢！所以《易传》说：'在上位而不具备在上位的品德，却喜欢获取那虚名的人，必定会以骄奢为正当行为。奢侈倨傲的人，灾祸就会伴随着他。'所以没有居上位的德行却喜欢追求虚名的人终会变弱，没有好德行却盼望享福的人就会遭受困厄，没有功劳而享受俸禄的人就会蒙受耻辱，祸患必然很多。所以说：'骄傲自满不能建立功业，只有虚幻的愿望是达不到目标的。'这些话都是指的那些图虚名而没有实际德行的人。正因为如此，尧有九个僚佐，舜有七个挚友，禹有五个助手，汤有三个辅官，从古到今，没有贤人佐助却能扬名于天下的人是没有的。因此君王不以多次请教别人为羞耻，不因向臣下学习而感到惭愧。这样说来，能使道德完善而扬功名于后世的，就是尧、舜、禹、汤、周文王这样的人。

注 释

❶ 德厚之道：指道德崇高。
❷ 南面称寡：古代国君坐北朝南，自称寡人。
❸ 得失之策：指得士之策和失士之策。
❹ 稍稍：逐渐。
❺ 安：疑问代词，怎么。
❻ 《易传》：解释《周易》的书。
❼ 实：指内在的品德。
❽ 行：指正当的行为。
❾ 据：通"倨"，傲慢。从：跟从。
❿ 削：削弱。
⓫ 德：道德。约：指困窘。
⓬ 禄：俸禄。
⓭ 握：通"渥"，厚。
⓮ 矜功：自夸其功。矜，夸耀。虚愿：虚妄的愿望。
⓯ 幸乐：喜爱。
⓰ 九佐：尧之九官，传说为舜、契、禹、后稷、夔、倕、伯夷、皋陶、益。
⓱ 七友：传说为雄陶、方回、续牙、伯阳、东不訾、秦不虚、灵甫。
⓲ 五丞：传说为益、稷、皋陶、倕、契。
⓳ 三辅：传说为谊伯、仲伯、咎单。
⓴ 虚成名：指无其实而有其名，即不做事而成名。
㉑ 亟（qì）：屡次。下学：指向在下位的人学习。

【原文】

"故曰：'无形者，形之君也①；无端者，事之本也②。'夫上见其原，下通其

【译文】

"所以说：'无形的东西，是有形事物的主宰；无端绪可察的东西，是事物发展的根本。'上能溯知事物的本源，下

流③，至圣人明学，何不吉之有哉④！《老子》曰：'虽贵，必以贱为本；虽高，必以下为基。'是以侯王称孤、寡、不穀，是其贱之本与⑤？夫孤寡者，人之困贱下位也⑥，而侯王以自谓，岂非下人而尊贵士与⑦？夫尧传舜，舜传禹，周成王任周公旦⑧，而世世称曰明主，是以明乎士之贵也。"

能通晓事物的演变，道德高尚而又通晓学问的人，还有什么不吉利的事呢！《老子》说：'虽然尊贵，一定要以卑贱为根本；虽然高尚，一定要以低下为基础。'因此侯王自称'孤''寡''不穀'，恐怕是他们懂得以贱为本的缘故吧？孤、寡是最为卑贱的，侯王却用来称呼自己，这难道不是国君自居人下而尊重士人吗？尧把帝位传给舜，舜把帝位传给禹，周成王任用周公旦，一代一代都称他们是明主，就是因为他们深知士的可贵啊。"

注　释

❶君：主宰。

❷本：根本。

❸原：源，本源。流：流变，演变。

❹明学：指彻底学通弄懂。不吉：指上文"削""约""辱"之祸。

❺是以：因此。孤、寡、不穀：侯王自称的谦辞。"孤"意为孤独无助之人。"寡"意为寡德之人。"不穀"意为不善之人。其：大概，恐怕。贱之本：指以卑贱为根本。

❻困：困窘。

❼下人：自居人下。

❽任：用。周公旦：西周初重要政治家。姬姓，名旦，亦称"叔旦"。文王之子，武王之弟。因采邑在周（今陕西岐山北），故称"周公"。武王死后，成王年幼，由他摄政。

【原文】

宣王曰："嗟乎①！君子焉可侮哉，寡人自取病耳②！及今闻君子之言，乃今闻细人之行③。愿请受为弟子。且颜先生与寡人游④，食必太牢，出必乘车，妻子衣服丽都⑤。"

【译文】

齐宣王叹道："唉！怎么能侮辱君子，我自讨没趣罢了！直到今天听了君子的高论，我才知道不尊重士是小人的行为。请您收我做弟子。再说如果先生和我交往，您吃饭必有肉食，外出必定乘车，夫人和孩子也能穿上华丽的衣服。"

注 释

❶嗟乎：叹息声。

❷焉：怎么。自取病：指自讨没趣。

❸细人：小人，指道德低下的人。

❹游：交往，交游。

❺太牢：祭祀时牛、羊、豕三牲齐备谓之太牢。此指肉食。妻子：指妻子和子女。丽都：华丽。

【原文】

颜斶辞去曰①："夫玉生于山，制则破焉，非弗宝贵矣，然大璞不完②。士生于鄙野，推选则禄焉③，非不得尊遂也，然而形神不全④。斶愿得归，晚食以当肉⑤，安步以当车，无罪以当贵⑥，清静贞正以自

【译文】

颜斶向宣王告辞说："美玉本来生在山上，一经雕琢就会破坏其本来面目，这并不是说它不宝贵，然而璞玉就已经面目全非了。士生在偏远的地方，一经举荐就得到禄位，这并不是不尊贵显达，然而士的本色就失去了。我情愿回去，晚点吃饭，权当吃肉；安闲地散步，权当乘车；安分守己，权当富贵；清心寡欲，自得其乐。"

虞⑦。制言者王也⑧，尽忠直言者斶也。言要道已备矣⑨，愿得赐归，安行而反臣之邑屋⑩。"则再拜而辞去也。斶知足矣，归反于璞，则终身不辱也。

发布号令是您的权力，竭尽忠诚、直言进谏是我的责任。我的主要意见已经说完了，请您能恩准我回去，平平安安地回到我的家乡。"说完，颜斶就向齐宣王行了再拜礼，辞别而去。颜斶可算是个知足的人，回到原来纯真朴素的生活中去，保持其本色，他一生都不会招致屈辱了。

注 释

❶去：离开。

❷不完：指失去璞玉的本来面貌。

❸推选：举荐。

❹遂：达。此指显达。形神：指士的本来面貌。不全：指丧失了本色。

❺晚食以当肉：此句意为饭吃得晚些，肚子饿了吃起来就香，权当吃肉。

❻无罪：指安分守己。

❼清静：指不受尘世名利干扰。贞正：纯正。虞：通"娱"，乐。

❽制言：犹言"发号令"。

❾要道：指主要的意见。备：完备。

❿反：通"返"。

先生王斗造门而欲见齐宣王（齐策四）

题 解

本篇是《战国策》中的名篇。王斗以策士的辩才，指斥齐宣王好马、狗、酒、美色却不好士的荒唐行为；以嘲讽的口吻驳斥了宣王"当今之世无士"和"忧国爱民"的自我辩解，终于迫使宣王承认了"不好士""有罪国家"的错误，并且采取了整改措施，取得了"齐国大治"的效果。通过王斗与齐宣王的对话，展现了王斗机智善辩、敢于直言的形象，也体现了齐宣王能够接受劝谏、改正错误的品质，强调了人才对于国家治理的重要性。

【原文】

先生王斗造门而欲见齐宣王①，宣王使谒者延入②。王斗曰："斗趋见王为好势③，王趋见斗为好士④，于王何如⑤？"使者复还报⑥。王曰："先生徐之，寡人请从⑦。"宣王因趋而迎之于门，与入⑧，曰："寡人奉先君之宗庙，守社稷，闻先生直言正谏不讳⑨。"王斗对曰："王闻之过⑩。斗生于乱世，事乱君⑪，

【译文】

先生王斗来到宫门，想要拜见齐宣王，齐宣王就派传达官请他进来。王斗说："我主动跑去见齐王是贪慕权势，齐宣王主动跑来见我是重视士人，齐宣王准备怎样做呢？"传达官又回来报告。齐宣王说："请先生稍等片刻，我去迎接他。"于是齐宣王就快步走到门口迎接王斗，和他一同进来，说："我继承王位，守护国家，听说先生直言进谏，毫不隐讳。"王斗回答说："大王听错了。我生于乱世，侍奉昏君，怎敢

焉敢直言正谏?"宣王忿然作色,不说⑫。

直言进谏?"齐宣王听了满脸怒气,非常不高兴。

注 释

❶王斗:齐国人。造:往,到。门:指宫门。
❷谒者:战国时掌引见宾客的官。延:请。
❸趋:小步快走,表示恭敬。好:爱好。势:权势。
❹好士:指重视士人。
❺何如:怎么样。
❻使者:指谒者。复:再。报:报告。
❼徐之:等一等。徐,缓,慢。请从:愿意听从您的意见。从,听从,同意。
❽因:就。与入:与之入,指跟王斗一起进来。
❾奉先君之宗庙:指继承王位。奉,供奉。讳:隐讳。
❿过:错。
⓫乱君:犹"昏君"。
⑫忿然:生气的样子。作色:改变脸色。说:通"悦"。

【原文】

有间①,王斗曰:"昔先君桓公所好者五②,九合诸侯,一匡天下,天子受籍,立为大伯③。今王有四焉。"宣王说④,曰:"寡人愚陋,守齐国,唯恐失抏之⑤,焉能有四焉?"斗曰:"否。先君

【译文】

过了一会儿,王斗说:"从前,先君齐桓公喜爱的东西有五样,他能够多次主持诸侯盟会,匡正天下,周天子授予他侯伯的爵位,封他为诸侯首领。现在大王喜欢的东西有四样。"齐宣王听了很高兴,就说:"我很愚昧浅陋,守护着齐国,还唯恐有什么过失,怎么能有四样喜欢的东西呢?"王斗说:"不是这个意思。齐桓

好马⑥，王亦好马；先君好狗，王亦好狗；先君好酒，王亦好酒；先君好色⑦，王亦好色；先君好士⑧，而王不好士。"宣王曰："当今之世无士，寡人何好⑨？"王斗曰："世无骐骥骒耳，王驷已备矣⑩；世无卢氏之狗，王之走狗已具矣⑪；世无毛嫱、西施，王宫已充矣⑫。王亦不好士也⑬，何患无士？"

公喜爱马，大王也喜爱马；齐桓公喜爱狗，大王也喜爱狗；齐桓公喜爱喝酒，大王也喜爱喝酒；齐桓公喜爱女色，大王也喜爱女色；齐桓公重视人才，大王却不重视人才。"齐宣王说："当今世上没有人才，我去重视谁呢？"王斗说："当今世上没有骐骥、骒耳那样的骏马，而大王驾车的四匹马已经很齐备了；当今世上没有韩卢那样的猎犬，而大王的猎犬已经齐备了；当今世上没有毛嫱、西施那样的美女，而大王后宫的嫔妃已经满了。大王只是不喜欢贤士罢了，哪愁没有贤士呢？"

注 释

❶有间：过了一会儿。

❷桓公：春秋时齐国君。襄公之弟。公元前685—前643年在位。姜姓，名小白。任用管仲为相，国力强盛，成为春秋时第一个霸主。

❸合：聚会，会合。匡：正。受籍：授予侯伯之位。籍，通"阼"，侯伯之位。大伯：诸侯之长。

❹说：通"悦"。

❺抎（yǔn）：失落，失掉。

❻先君：指齐桓公。

❼好色：指喜爱女色。

❽好士：指重视有才能的人。

❾何好：指重视什么人。

❿骐骥：良马。骒耳：马名。周穆王"八骏"之一。驷：古代一车四马为一驷。备：齐全。

⓫卢氏之狗：韩卢，战国时韩国的良犬名。色黑，故名卢。走狗：猎犬。具：备。

⑫毛嫱：古代美女名。西施：亦称"西子"。春秋末越国苎萝（今浙江诸暨南）人，姓施。以貌美著称。充：满。

⑬亦：不过，只是。

【原文】

王曰："寡人忧国爱民，固愿得士以治之①。"王斗曰："王之忧爱民，不若王爱尺縠也②。"王曰："何谓也？"王斗曰："王使人为冠，不使左右便辟而使工者③，何也？为能之也④。今王治齐，非左右便辟无使也，臣故曰不如爱尺縠也。"宣王谢曰："寡人有罪国家。"于是举士五人任官⑤，齐国大治。

【译文】

齐宣王说："我忧国爱民，本来希望得到贤士来治理国家。"王斗说："大王忧国爱民，还比不上您对一尺长的绉纱的喜爱。"齐宣王问道："这是什么意思？"王斗说："大王做帽子，不会叫那些宠信的人去做而让裁缝做，这是为什么呢？是因为他们会做帽子啊。现在大王治理齐国，不是受宠信的人就不用，所以说您的忧国爱民还比不上对一尺长的绉纱的喜爱。"齐宣王向王斗认错说："我对国家有罪。"于是齐宣王就选拔了五位贤士为官，因而齐国大治。

注 释

❶固：本来。治：指治国。

❷縠（hú）：绉纱一类的丝织品。

❸左右：在旁侍候的人，近侍。便（pián）辟：指逢迎谄媚的人。工者：指从事手工技艺的人。

❹为：因为。能之：指会做帽子。

❺举：选拔。

齐王使使者问赵威后（齐策四）

题 解

本篇通过赵威后与齐国使者的问答，展现了赵威后"以民为本"的政治思想。她主张"民为本，君为末"，应该"养民""息民"，应该"振困穷，补不足"，斥责那些不肯为国出力的隐士。这些主张有一定的进步意义。全篇用提问的方式阐述政治见解，主题十分突出；又多运用诘问、排比、反复等修辞手法，析理透彻，气势逼人。

【原文】

齐王使使者问赵威后①，书未发②，威后问使者曰："岁亦无恙耶③？民亦无恙耶？王亦无恙耶？"使者不说④，曰："臣奉使使威后，今不问王而先问岁与民，岂先贱而后尊贵者乎⑤？"威后曰："不然。苟无岁，何以有民⑥？苟无民，何以有君？故有舍本而问末者耶⑦？"

【译文】

齐王派遣一个使者去问候赵威后，赵威后还没有打开齐王的书信，就问使者说："你们那里年景好吗？百姓安乐吗？齐王也健康吗？"使者听了很不高兴，说："我奉命到这儿来问候太后，现在您不先问国王而先问年成和百姓，难道能把卑贱的放在前面而把尊贵的放在后面吗？"赵威后回答说："不能这样说。如果没有好的收成，靠什么养育百姓呢？如果没有百姓，哪里还有君王呢？哪有问话不问根本而问细枝末节的呢？"

注 释

❶齐王：指齐襄王。战国时齐国君。湣王之子。公元前283—前265年在位。名法章。问：聘问，是当时诸侯之间往来的一种礼节。赵威后：亦称"惠文后"。战国时赵国人。赵惠文王后，赵孝成王母。赵惠文王卒，其子孝成王立，年幼，由赵威后摄政。

❷书：书信。发：开封。

❸岁：年景，庄稼的收成。无恙：平安无事。恙，忧患，疾病。古人见面或书信中问候之辞。

❹说：通"悦"，高兴。

❺岂：难道。贱：卑贱。此指民众。

❻苟：假如。何以：靠什么。

❼故：通"胡"，哪里，怎么。本：根本。

【原文】

乃进而问之曰①："齐有处士曰钟离子②，无恙耶？是其为人也，有粮者亦食③，无粮者亦食；有衣者亦衣④，无衣者亦衣。是助王养其民者也⑤，何以至今不业也⑥？叶阳子无恙乎⑦？是其为人，哀鳏寡，恤孤独，振困穷，补不足⑧，是助王息其民者也⑨，何以至今不业也？北宫之女婴儿子无恙耶⑩？彻其环瑱⑪，至老不嫁⑫，以养父母，是皆率民而出于孝情者也⑬，胡为至今不朝也⑭？此二

【译文】

于是赵威后进一步问使者说："齐国有个处士叫钟离子，他好吗？这个人的为人，不论有粮还是无粮的，钟离子都给他们饭吃；不管有衣服还是没衣服的，钟离子都给他们衣穿。这是一个帮助国君养育老百姓的人，为什么至今还不让他做官呢？叶阳子好吗？这个人的为人，同情鳏寡孤独，救济缺吃少穿的穷人，这是一个帮助国君使民安宁的人，为什么至今还不让他做官呢？北宫氏的女儿婴儿子好吗？她摘下自己的耳环和耳饰，到老也不外嫁，为的是供养父母，这是带领百姓行孝的人，为什么至今还不加封呢？两个处士未能成就功

士弗业，一女不朝，何以王齐国，子万民乎⑮？於陵子仲尚存乎⑯？是其为人也，上不臣于王，下不治其家，中不索交诸侯⑰。此率民而出于无用者⑱，何为至今不杀乎？"

业，一个女子未能加封，齐王凭什么能君临齐国，抚爱百姓呢？那於陵子仲还活着吗？这个人的为人，对上不向齐王称臣，对下不管理自己的家，对外不结交诸侯。这种人只会引导老百姓成为社会上的无用之辈，为什么至今不杀他呢？"

注释

❶乃：于是。

❷处士：有才德而隐居不做官的人。钟离子：处士名。

❸是：这。此指钟离子。为人：指为人处世的态度。食（sì）：给人吃，喂食。

❹衣：前一"衣"为名词，衣服；后一"衣"为动词，给衣服穿。

❺养：养育。

❻不业：不成就功业。此指不任用其为官。古人认为做官才能够建立功业。

❼叶阳子：处士名。

❽哀：怜悯。鳏：年老无妻。寡：寡妇。恤：体恤，体念。孤：年少无父。独：年老无子。振：通"赈"，救济。不足：指缺衣少食的人。

❾息：平息，安定。

❿婴儿子：齐国有名的孝女。

⓫彻：拿掉，取下。环：指耳环。瑱（tiàn）：亦称"充耳"。古人冠冕上垂在两侧以塞耳的玉。

⓬嫁：出嫁。

⓭率：率领。出于孝情：行孝。孝情，孝心。

⓮胡为：为什么。不朝：不使其朝见。此指不加封号。

⓯王（wàng）：称王。子：以……为子。

⓰於陵：古县名。本战国齐於陵邑，秦置县。治今山东邹平东南。子仲：齐国的隐士，陈氏。

⓱不臣：指不向国君称臣。索：求，希图。

⓲无用者：无用之辈。

齐人见田骈曰（齐策四）

题 解

本篇讽刺了哗众取宠、言行不一的伪君子，提醒人们要保持清醒的头脑，不要被别人的言辞所迷惑，要透过现象看本质。

【原文】

齐人见田骈①，曰："闻先生高议②，设为不宦，而愿为役③。"田骈曰："子何闻之？"对曰："臣闻之邻人之女④。"田骈曰："何谓也？"对曰："臣邻人之女，设为不嫁，行年三十而有七子⑤，不嫁则不嫁，然嫁过毕矣⑥。今先生设为不宦，訾养千钟，徒百人⑦，不宦则然矣⑧，而富过毕矣。"田子辞⑨。

【译文】

齐国有个人去见田骈，说："我听说先生品德高尚，声言不做官，却愿意为人服务。"田骈问道："你从哪里听说的？"这个人回答说："我从邻居的女儿那儿听说的。"田骈问道："你这话是什么意思？"那人回答说："我邻居家的一个女儿，说是不嫁人，可到了三十岁就生了七个孩子，不嫁倒是不嫁，可是她比出嫁的女子生的孩子还多。现在先生声言不做官，却有一千钟的俸禄，一百人的随从，不做官倒是不做官，可是你的富有却大大超过了做官的了。"田骈听后，对他表示歉意。

注 释

❶田骈：战国时齐国人。因齐田氏出于陈，故又称"陈骈"。早年学黄老道德之术。后为彭蒙的学生。游稷下，号"天口骈"。曾以道术说齐王。所著《田子》二十五篇，已佚。

❷高议：高尚的品德。一说"高议"指高谈阔论。

❸设为：宣称，声言。宦：做官。役：仆役。此指服务。

❹女：指女儿。

❺行（xíng）年：经历过的年岁。

❻过：超过。毕：甚。

❼訾养：供养。此指俸禄。徒：随从，侍从。

❽然：这样。此指不做官。

❾辞：谢，道歉。

田单将攻狄（齐策六）

题 解

本篇的中心思想是将帅的用兵之道。通过田单攻狄一负一胜的描述，说明将帅只有身先士卒，善于鼓舞士气，官兵同心同德，才能赢得战争胜利；相反，居功自傲，安享富贵，贪生怕死，那就必然失败。文章详略得当，叙述第一次攻狄着重描写田单的骄矜心态，叙述第二次攻狄着重描写田单身先士卒的表现，其他内容则一带而过。文章在记述中还穿插了齐国儿童的"谣"和田单的"倡"，既增强了文章的趣味性，也对人物形象的刻画起到了补充作用。

【原　文】

田单将攻狄①，往见鲁仲子②。仲子曰："将军攻狄，不能下也③。"田单曰："臣以五里之城，七里之郭，破亡余卒④，破万乘之燕⑤，复齐墟。攻狄而不下，何也？"上车弗谢而去⑥，遂攻狄，三月而不克之也⑦。

【译　文】

田单将要攻打狄邑，去拜见鲁仲连。鲁仲连说："你这次攻打狄邑，是不可能攻下来的。"田单就说："我凭借内城五里、外城七里的小小即墨，率领一些残兵败将，打败了强大的燕国，收复了齐国的故土。你竟然说我攻不下狄邑，这是什么话？"说完田单就跳上车不辞而别了，接着带兵攻打狄邑，可是攻了三个月还是攻不下来。

注 释

❶田单：战国时齐将。齐国临淄（今山东淄博市临淄区北）人。初为市吏。燕将乐毅破齐时，他坚守即墨（今山东平度东南）。齐襄王五年（前279），施反间计，诱使燕惠王改用骑劫为将，并用火牛阵击败燕军，一举收复七十余城，被齐襄王任为相国，封安平君。狄：齐邑。在今山东高青东南。

❷鲁仲子：鲁仲连，齐国高士。

❸将军：指田单。下：攻克。

❹郭：外城。此指即墨城郭。破亡：指燕将乐毅攻占齐七十余城一事。

❺万乘（shèng）：指战争中能出万辆兵车，这是当时大国的兵力，因以"万乘"指大国。

❻弗：不。谢：辞别。

❼克：攻克。

【原文】

齐婴儿谣曰①："大冠若箕②，修剑拄颐③，攻狄不能下，垒枯丘④。"田单乃惧⑤，问鲁仲子曰："先生谓单不能下狄，请闻其说。"

【译文】

齐国的小孩子唱儿歌道："帽儿就像簸箕大，长长的剑儿拄下巴，狄城攻不下，枯骨成山没办法。"田单听了这才害怕起来，又去请教鲁仲连道："您说我攻不下狄邑，请告诉我其中的原因。"

注 释

❶婴儿：此泛指儿童。谣：民歌。此指唱儿歌。

❷冠：帽子。箕：簸箕。

❸修：长。颐：面颊。此指下巴。

❹垒：堆积。

❺乃：才。惧：害怕。按：古人认为儿歌是一种预言和征兆，所以田单听了

儿歌以为不祥,乃惧。

【原文】

鲁仲子曰:"将军之在即墨①,坐而织蒉,立则丈插,为士卒倡曰②:'无可往矣,宗庙亡矣,魂魂惝矣,归于何党矣③。'当此之时,将军有死之心,而士卒无生之气,闻若言,莫不挥泣奋臂而欲战④,此所以破燕也。当今将军东有夜邑之奉⑤,西有苗上之虞⑥,黄金横带而驰乎淄、渑之间⑦,有生之乐,无死之心,所以不胜者也。"

【译文】

鲁仲连说:"当初,你被围困在即墨的时候,坐下就编织草袋子,起来就拿铁锹干活,还教导士兵慷慨悲歌:'无路可走啊,宗庙已被焚个光,败亡岁月多漫长,欲归何处是家乡。'那时,你有拼死的决心,士兵没有偷生的想法,士兵听了你的这些话,无不挥泪奋臂要求决一死战,这就是你能打败燕国的缘故。如今你东有夜邑的赋税收入作为俸禄,西有淄水岸边的游乐之地,腰系饰有黄金带钩的大带,在淄水、渑水间驱车游乐,只知享受活着的快乐,没有拼死的决心,这就是你不能取胜的原因。"

注释

❶即墨:在今山东平度东南。
❷蒉(kuì):草袋子。插:通"锸",锹,铲土器具。倡:通"唱",领唱。此指田单在战前率众慷慨悲歌。
❸党:处所。
❹若:这样。挥泣:挥泪。奋臂:振臂。
❺夜邑:在今山东莱州。
❻苗:通"淄",水名,即今山东省内的淄河。虞:通"娱",快乐。
❼黄金横带:指腰系饰有黄金带钩的大带。驰:驱车奔驰。渑(shéng):古水名。

【原文】

田单曰:"单有心,先生志之矣①。"明日,乃厉气循城②,立于矢石之所,及援枹鼓之③,狄人乃下④。

【译文】

田单说:"我有决死之心,先生都知道了。"第二天,田单就亲自到战场鼓舞士气,巡视阵地,并站在阵地前沿,冒着被敌人的弓箭和石头击中的危险擂鼓攻城,狄人终于投降了。

注释

① 志:知道。

② 循:通"巡",巡视。

③ 枹(fú):鼓槌。鼓:击鼓。

④ 下:降服,投降。

楚策

荆宣王问群臣曰（楚策一）

题 解

本篇写江乙借用"狐假虎威"寓言来说明中原各诸侯国并非惧怕昭奚恤本人，而是害怕他所统率的楚国的强大武装力量。文中将老虎的强大与狐狸的弱小、群兽对老虎的真正畏惧与对狐狸的表面畏惧、昭奚恤的权势与楚国的整体国力等进行对比，增强了文章的表现力和说服力。通过这一生动形象的寓言故事，阐述了深刻的道理，使抽象的政治现象和权力关系变得通俗易懂，易于理解和接受。后来，这一寓言故事成为古诗文中的常用典故。

【原文】

荆宣王问群臣曰①："吾闻北方之畏昭奚恤也，果诚何如②？"群臣莫对③。江乙对曰④："虎求百兽而食之⑤，得狐。狐曰：'子无敢食我也⑥！天帝使我长百兽⑦，今子食我，是逆天帝命也⑧。子以我为不信⑨，吾为子先行⑩，子随我后，观百兽之见我而敢不走乎⑪？'虎以为然⑫，故遂与之

【译文】

楚宣王向群臣问道："我听说北方的各诸侯国十分害怕昭奚恤，果真是这样吗？"大臣们没有一个人回答。江乙回答说："老虎寻找各种野兽吃，捉住了一只狐狸。狐狸说：'你是不敢吃我的！老天爷派我来当百兽之长，今天你要吃了我，就违背了老天爷的命令。你如果认为我是说谎，我就走在你前面，你跟在我后面，看看野兽们见了我有敢不逃跑的吗？'老虎认为狐狸说得对，就跟它一块走。野兽们一看见它们就吓

行。兽见之皆走⑬。虎不知兽畏己而走也，以为畏狐也。今王之地方五千里，带甲百万⑭，而专属之昭奚恤⑮；故北方之畏奚恤也，其实畏王之甲兵也⑯，犹百兽之畏虎也⑰。"

跑了。老虎不知道这些野兽是因为害怕自己才逃跑的，还认为是害怕狐狸呢。现在大王的土地纵横五千里，全副武装的将士上百万，大王把军权全部交给昭奚恤；所以说北方国家畏惧昭奚恤，这实际上是害怕大王的军队，就好像野兽们害怕老虎一样。"

注释

❶荆宣王：楚宣王，战国时楚国国君。名良夫，公元前369—前340年在位。

❷北方：指中原各诸侯国。昭奚恤：战国时楚国人。名鱼，一作戢。楚宣王时封于江（今河南正阳东南），故亦称"江君奚恤"。曾为楚令尹，历仕楚宣王、威王、怀王三朝，专国政，以威势著闻于中原诸侯。何如：怎么样。

❸莫：没有人。

❹江乙：战国时魏国人，在楚国做官，与昭奚恤不和。

❺求：寻找。百兽：指各种野兽。

❻子：你。此指虎。

❼长（zhǎng）：做首领。

❽是：这。逆：违背。

❾不信：说谎。信，诚实。

❿先行：在前面走。

⓫走：跑，指逃跑。

⓬以为：认为。然：对。

⓭之：指虎和狐狸。

⓮带甲：披甲，指全副武装的战士。

⓯属（zhǔ）：通"嘱"，托付。

⓰甲兵：指军队。

⓱犹：好像。

威王问于莫敖子华曰（楚策一）

> **题 解**
>
> 本篇写莫敖子华讽谏楚王要爱惜人才，善于识别和使用人才。莫敖子华生动地讲述了楚国历史上涌现出来的五种不同类型的"社稷之臣"的先进事迹，阐明了一个道理：只要是为国家做出重大贡献，或是为国家危亡而献身的人，就是"社稷之臣"。针对楚王当今无"社稷之臣"的感慨，莫敖子华又指出只要真正爱惜人才，就不难罗致人才。文中对五种不同类型的"社稷之臣"的描述，既写出了他们各自的风神，又突出了他们有功于社稷的共同点，形象生动。

【原 文】

威王问于莫敖子华曰①："自从先君文王以至不穀之身②，亦有不为爵劝、不为禄勉，以忧社稷者乎③？"莫敖子华对曰④："如华不足知之矣⑤。"王曰："不于大夫⑥，无所闻之。"莫敖子华对曰："君王将何问者也⑦？彼有廉其爵，贫其身⑧，以忧社稷者；有崇其爵，丰其禄⑨，以忧社稷者；有断胫决腹，一瞑而

【译 文】

楚威王问莫敖子华说："从先君楚文王迄于今，可曾有过不为晋爵加俸而尽力，只为国家担忧的人吗？"莫敖子华说："像我这样的人，是不够资格谈论这个问题的。"楚威王说："不问你，我就无法知道了。"莫敖子华说："大王打算问哪种类型的为国担忧的人呢？其中有居官廉洁、不求富贵而为国担忧的人；有爵位高、俸禄多而为国担忧的人；有不怕断头剖腹、视死如归，也毫

万世不视⑩，不知所益，以忧社稷者；有劳其身⑪，愁其志，以忧社稷者；亦有不为爵劝，不为禄勉，以忧社稷者。"王曰："大夫此言将何谓也⑫？"

不顾及个人利益而为国担忧的人；有不辞劳苦、愁思苦虑而为国担忧的人；也有不要官位、不要俸禄而为国担忧的人。"楚王问道："你这些话是指的哪些人呢？"

注 释

❶威王：战国时楚国国君。名商，楚宣王之子，公元前339—前329年在位。莫敖：楚国官名。子华：楚国大夫，名章。

❷文王：春秋时楚国君。武王之子。公元前689—前675年在位。名赀。为向中原发展，迁都于郢（今湖北荆州市荆州区西北）。不榖：不善。古代诸侯自称的谦辞。

❸劝、勉：努力，尽力。社稷：指国家。

❹对：下对上的回答。

❺华：子华自称。之：指威王提出的问题。

❻大夫：指子华。

❼将：打算。

❽廉其爵：指居官廉洁。贫其身：指不求富贵。

❾崇：高。丰：丰厚。

❿断脰：杀头。脰，颈项。决腹：剖腹。一瞑而万世不视：指死亡。一，一旦。瞑，闭上眼。

⓫劳：劳累。

⓬何谓：指说的是什么人。

【原文】

莫敖子华对曰："昔令尹子文缁帛之衣以朝，鹿裘

【译文】

莫敖子华回答说："从前，令尹子文穿黑绸衣上朝，一回到家就换上鹿皮粗

【原文】

以处①，未明而立于朝，日晦而归食②，朝不谋夕，无一月之积③。故彼廉其爵，贫其身，以忧社稷者，令尹子文是也④。

【译文】

衣，天不亮就站在宫门口等候朝见，天黑了才回家吃饭，朝不保夕，家里穷得没有一个月的存粮。所以说，有居官廉洁、不求富贵而为国担忧的，就是令尹子文这样的人。

注 释

❶令尹：春秋、战国楚设，为楚国最高官职，执掌军政大权。子文：鬬穀於菟，春秋时楚国大臣，名子文。鬬伯比与䢵国女所私生，弃于云梦，传说由虎喂乳成人。楚人称"乳"为"穀"，称"虎"为"於菟"，因以为名。缁帛：黑色的丝织品。鹿裘：鹿皮袍子。当时认为鹿皮袍子是低贱者穿的衣服，质地粗劣。处：指闲居。

❷日晦：天黑。

❸积：此指储粮。

❹是：这样。

【原文】

"昔者叶公子高身获于表薄，而财于柱国①，定白公之祸，宁楚国之事②，恢先君以掩方城之外，四封不侵，名不挫于诸侯③。当此之时也，天下莫敢以兵南乡④，叶公子高食田六百畛⑤。故彼崇其爵，丰其禄，以忧社稷者，叶公子高是也。

【译文】

"从前，叶公子高在朝廷中享有很高的地位，财富很多，平定了白公发动的叛乱，稳定了楚国的形势，发扬了先君的遗德，自己的名声传扬到方城以北，四境不受侵犯，使楚国的威名在诸侯中不受损害。当时各国诸侯都不敢对楚用兵，叶公子高因功受封的田地有六百畛。所以说有爵位高、俸禄多而为国担忧的，就是叶公子高这样的人。

注释

❶叶公子高：春秋末楚国人。字子高。沈尹戍子，封于叶（今河南叶县），故又称"叶公子高""叶公诸梁"。曾问政于孔子。表薄："薄"当为"著"。表著，朝臣站立的固定位置。柱国：国都。此句言财富多于国库。

❷白公之祸：又称白公胜之乱。白公胜是楚平王嫡孙、楚太子公子建之子，因家族变故曾侨居吴国。楚惠王二年（前487），胜被召返楚，封为白公，后起兵自立为王，惠王出走，叶公子高领兵击败白公，惠王复位。宁：安定。

❸恢：发扬。先君：指楚惠王。掩：覆盖。方城：山名。在今河南叶县。封：边界，疆界。挫：挫折，损伤。

❹南乡：指进犯楚国。乡，通"向"。

❺食田：指国君封赏大臣作为食禄的田地。畛（zhěn）：古代计算田地的单位，一说千亩为一畛。

【原文】

"昔者吴与楚战于柏举，两御之间夫卒交①。莫敖大心抚其御之手，顾而大息曰②：'嗟乎子乎③，楚国亡之日至矣！吾将深入吴军，若扑一人，若捽一人，以与大心者也④。社稷其为庶几乎？'故断脰决腹，一瞑而万世不视，不知所益，以忧社稷者，莫敖大心是也。

【译文】

"从前，吴国同楚国在柏举打仗，双方兵车和士兵杀成一片。莫敖大心拍着车夫的手，回头长叹了一口气说：'唉，楚国灭亡的日子到了！我打算冲入敌阵殊死搏斗，你要是能杀死一人，或捉住一人，也是帮助我大心杀敌啊。如果楚人都能这样拼命，楚国或许还有希望吧？'所以不怕断头剖腹、视死如归，也毫不顾及个人利益而为国担忧的人，就是莫敖大心这样的人。

注 释

❶柏举：古地名。春秋楚地。一说为今湖北麻城东北的柏子山与举水的合称。夫卒：士兵。交：交战。

❷莫敖大心：旧说指楚国左司马沈尹戌。春秋时楚国人。楚庄王曾孙（一说孙）。官左司马。为政主张不误农时，使民休息，即可用民抵御外侵。死于柏举之战。顾：回头。大息：太息，长叹。

❸嗟乎子乎：叹息声。

❹扑：倒。此指杀死。捽（zuó）：揪，捉。与：助。

【原 文】

"昔吴与楚战于柏举，三战入郢①，君王身出，大夫悉属②，百姓离散。棼冒勃苏曰：'吾被坚执锐③，赴强敌而死，此犹一卒也，不若奔诸侯④。'于是赢粮潜行，上峥山，逾深谷，跗穿膝暴⑤，七日而薄秦王之朝⑥，雀立不转⑦，昼吟宵哭，七日不得告⑧，水浆无入口，瘨而殚闷，旄不知人⑨。秦王闻而走之，冠带不相及⑩，左奉其首，右濡其口，勃苏乃苏⑪。秦王身问之：'子孰谁也⑫？'棼冒勃苏对曰：'臣非异，楚

【译 文】

"从前，吴国同楚国在柏举作战，打了三仗后郢都沦陷了，昭王出逃在外，大臣也都跟着逃亡，百姓流离失所。棼冒勃苏说：'我披坚执锐，去同强敌拼个你死我活，这仅是起到了一个士兵的作用，倒不如奔赴别国求救。'于是携带干粮偷偷逃离楚国，一路爬高山，越深谷，磨破了脚掌，碰伤了膝盖，走了七天七夜终于来到秦宫附近，他像鹤鸟一样站在那里一动不动，只是昼夜哭泣，一连七天未得面诉秦王，他滴水未进，呼吸困难，晕倒在地，不省人事。秦王听说后，来不及加冠束带就跑到他跟前，左手托起他的头，用右手给他喂水，棼冒勃苏这才苏醒过来。秦王亲自问他：'你是谁啊？'棼冒勃苏回答说：'我不是别人，是楚国的罪臣棼

使新造盩棼冒勃苏⑬。吴与楚人战于柏举,三战入郢,寡君身出,大夫悉属,百姓离散。使下臣来告亡⑭,且求救。'秦王顾令之起⑮:'寡人闻之,万乘之君得罪一士⑯,社稷其危⑰,今此之谓也。'遂出革车千乘⑱,卒万人,属之子蒲与子虎⑲,下塞以东,与吴人战于浊水而大败之⑳,亦闻于遂浦㉑。故劳其身,愁其思,以忧社稷者,棼冒勃苏是也。

冒勃苏。吴国与楚国在柏举交战,三战而吴军攻入郢都,鄀国国君逃亡在外,大臣们也都跟他一同逃亡,百姓流离失所。楚王派我前来向大王报告楚国所遭受的亡国之祸,并请求出兵救援。'秦王叫他躺好别动,说:'我听说,大国的国君如果冒犯了一位义士,国家就会危险,说的就是眼前这个情况吧。'于是秦王派出千辆战车,万名士兵,由子蒲和子虎率领,出关东进,同吴军在浊水开战,大败吴军,同时也在遂浦打了一仗。所以说,有不辞劳苦、愁思苦虑而为国担忧的,就是棼冒勃苏这样的人。

注释

❶郢:古都邑名。在今湖北荆州市荆州区西北。春秋楚文王定都于此。

❷悉:完全。

❸棼冒勃苏:申包胥,春秋时楚国贵族。楚君蚡冒后代,申氏,名包胥(一作"勃苏")。被:通"披"。坚:指盔甲。锐:指锐利武器。

❹奔诸侯:指到别国求救。

❺赢:担,背。峥山:高山。逾:越过。跖(zhí):脚掌。穿:破。暴:指受伤。

❻薄:迫近,抵达。秦王:指秦哀公。

❼雀(hè)立:像鹤一样直立不动。雀,同"鹤"。

❽不得告:未得机会向秦王面陈亡国之祸。

❾瘨:癫,晕倒。殚(dān)闷:指气绝。旄:通"眊",昏迷,不省人事。

❿冠带不相及:指来不及加冠束带。

⓫奉:捧着。濡:润湿,指灌水。苏:苏醒。

⑫孰谁：谁。
⑬非异：指不是别人。新造盭（lì）：罪臣。盭，同"戾"，罪。
⑭告亡：指报告楚国危亡的消息。
⑮之：当作"不"。
⑯得罪：冒犯。士：指义士。
⑰危：危险。
⑱革车：战车。
⑲子蒲、子虎：秦国将官。
⑳下塞以东：指出关东下。东，往东进发。浊水：古河名。源出今湖北襄阳北，南流注入白河。
㉑遂浦：楚地名。今地不详。

【原文】

"吴与楚战于柏举，三战入郢，君王身出，大夫悉属，百姓离散，蒙穀给斗于宫唐之上①，舍斗奔郢②，曰：'若有孤③，楚国社稷其庶几乎？'遂入大宫，负鸡次之典以浮于江，逃于云梦之中④。昭王反郢，五官失法，百姓昏乱⑤。蒙穀献典，五官得法而百姓大治。比蒙穀之功，多与存国相若⑥，封之执珪⑦，田六百畛。蒙穀怒曰：'穀非人臣，社稷之臣。苟社稷血食⑧，余岂患无君乎？'遂自

【译文】

"吴国同楚国在柏举打仗，打了三仗后郢都沦陷了，楚王出逃在外，大臣也都跟着逃亡，百姓流离失所，楚国将领蒙穀在宫唐同敌人交战，离开战场跑到郢都，说：'如果楚国有嗣君在，楚国还是有希望的吧？'于是进入楚宫，背起编次离散的法典，泗水逃往云梦。待到楚昭王返回郢都，百官无法可依，社会秩序混乱。蒙穀献上法典，百官有法可循，社会安定太平。蒙穀献典的功劳，与保全国家的功劳相同，楚王封他执珪的爵位，赐田地六百畛。蒙穀很生气地说：'我不是国君个人的臣子，是国家的臣子。只要国家不亡，我还愁没有国君吗？'于是蒙穀就离开朝廷，藏

弃于磨山之中，至今无胄⁹。故不为爵劝，不为禄勉，以忧社稷者，蒙穀是也。"

到磨山之中，至今他的后代没人做官。所以说，有不要官位、不要俸禄而为国担忧的，蒙穀就是这样的人。"

注 释

❶ 蒙穀：楚国将领。给斗：交战。宫唐：地名。

❷ 舍：放弃。

❸ 孤：指嗣君。蒙穀认为楚昭王已死，所以这样说。

❹ 大宫：指楚王宫。负：背。鸡次之典：编次离散的法典。云梦：据《汉书·地理志》等汉、魏人记载，云梦泽在南郡华容县（今湖北潜江西南）南。

❺ 昭王反郢：楚昭王十一年（前505），秦师救楚，大败吴军，昭王还都。反，通"返"。五官：分管天地幽明之官。《国语·楚语下》："于是乎有天、地、神、民、类物之官，是谓五官。"昏：困惑。

❻ 相若：相当。

❼ 执珪：亦称"上执珪"。爵位名。本指西周时持珪聘问邻国国君的臣僚。战国楚置，为楚国最高爵位。

❽ 苟：如果。社稷：指国家。血食：受祭祀。此指国家政权的延续。

❾ 磨山：山名。无胄：指无爵位。

【原文】

王乃大息曰："此古之人也。今之人焉能有之耶①！"莫敖子华对曰："昔者先君灵王好小要，楚士约食②，冯而能立，式而能起③。食之可欲④，忍而不入；死之可恶⑤，然而

【译文】

楚王长叹了一口气说："这些都是古时候的人了。现在怎么能有这样的人呢！"莫敖子华回答说："从前，先君楚灵王喜欢腰细的人，楚国的士人节制饮食，饿得要扶着东西才能站立、行走。吃饭是正常的欲望，他们却强忍着不吃；死亡是令人憎恶的，他们

不避。章闻之,其君好发者,其臣抉拾⑥。君王直不好,若君王诚好贤⑦,此五臣者,皆可得而致之。"

却不管是否饿死。我听说,国君爱好射箭,他的臣子就学习射箭。大王只是不好贤罢了,如果大王果真好贤,这五种贤臣,都能够招来。"

注 释

❶焉:疑问代词,怎么。

❷小要:细腰。要,通"腰"。约食:节食。

❸冯:通"凭",靠。式:通"轼",车前横木。此有"凭靠"的意思。

❹欲:欲望。

❺恶(wù):憎恶。

❻发:指射箭。抉拾:古代射箭用具。抉,用骨做成,戴在右手大拇指上,用以钩弦;拾,软皮做的护臂,著左臂上。

❼直:只,只是。诚:果真。

苏秦之楚（楚策三）

题解

本篇写苏秦不肯在楚国停留的原因。苏秦用"食玉炊桂"和"因鬼见帝"为喻，讽刺楚国君臣傲慢，难以吸纳人才。后世以"米珠薪桂"比喻物价昂贵。

【原文】

苏秦之楚，三月乃得见乎王①，谈卒，辞而行②。楚王曰："寡人闻先生若闻古人，今先生乃不远千里而临寡人③，曾不肯留，愿闻其说④。"对曰："楚国之食贵于玉⑤，薪贵于桂⑥，谒者难得见如鬼⑦，王难得见如天帝。今臣食玉炊桂⑧，因鬼见帝⑨，其可得乎⑩！"王曰："先生就舍，寡人闻命矣⑪。"

【译文】

苏秦来到楚国，等候了三个月才见到楚王，刚一谈完，苏秦就辞别。楚王说："我听到您的谈话，好像古人说的话，今天先生不远千里来到我这儿，竟然不肯停留，我想知道其中的原因。"苏秦回答说："楚国的粮食比玉昂贵，烧的柴火比桂木还值钱，朝廷的接待人员像鬼一样难以见到，大王如上帝一样难以见到。现在让我拿玉当粮食吃，拿桂木当柴火烧，通过小鬼来见天帝，我怎么能留下来呢！"楚王说："请先生住进驿馆吧，我领教了。"

注 释

❶之：往，到。乃：才。乎：于。

❷卒：完。辞：辞别。

❸临：到。

❹曾：竟然。说：此指原因。

❺于：比。

❻薪：柴火。桂：也叫木樨，是一种珍贵的木材。

❼谒者：犹"传达官"。

❽炊桂：用桂烧火。

❾因：依靠，通过。

❿其：犹"岂"。

⓫就舍：指住进驿馆。闻命：敬辞，指接受指教。

魏王遗楚王美人（楚策四）

题解

本篇记述了楚怀王宠姬郑袖设计谗害魏美人的故事，深刻揭露了郑袖内心的卑鄙与阴毒。故事通过人物的言语、行为展示人物心理和性格特征，结构紧凑，颇有戏剧性。常用典故"魏女掩鼻"即出自此篇。

【原文】

魏王遗楚王美人①，楚王说之②。夫人郑袖知王之说新人也③，甚爱新人。衣服玩好，择其所喜而为之④；宫室卧具⑤，择其所善而为之。爱之甚于王⑥。王曰："妇人所以事夫者⑦，色也；而妒者，其情也⑧。今郑袖知寡人之说新人也，其爱之甚于寡人，此孝子之所以事亲⑨，忠臣之所以事君也！"

【译文】

魏王送给楚怀王一个美女，楚怀王很喜欢她。夫人郑袖知道楚怀王宠爱这位美人，也装作对新人十分喜欢的样子。衣服玩物，只要是美人喜爱的就送给她；宫室家具，拣美人所中意的置办。看样子郑袖比楚怀王还喜欢她。楚怀王说："女人用来侍奉丈夫的，是美色；有嫉妒心，也是女人的常情。现在郑袖知道我喜爱美人，她喜欢的程度居然超过了我，这跟孝子侍奉双亲、忠臣侍奉国君是一个道理啊！"

注释

❶魏王：不确指其人。遗（wèi）：赠予。楚王：指楚怀王。

❷说：通"悦"。

❸夫人：诸侯的妻子。

❹玩好：供人玩赏的东西。为：给。

❺宫室：泛指房屋。卧具：泛指床等室内家具。

❻甚：超过。

❼事：侍奉。

❽情：常情，真情。

❾亲：双亲。

【原 文】

郑袖知王以己为不妒也，因谓新人曰①："王爱子美矣，虽然，恶子之鼻②。子为见王③，则必掩子鼻。"新人见王，因掩其鼻。王谓郑袖曰："夫新人见寡人④，则掩其鼻，何也？"郑袖曰："妾知也⑤。"王曰："虽恶必言之⑥。"郑袖曰："其似恶闻君王之臭也⑦。"王曰："悍哉⑧！"令劓之，无使逆命⑨。

【译 文】

郑袖知道楚怀王认为自己没有嫉妒心，就对美人说："大王喜欢你的美丽，虽然如此，却不喜欢你的鼻子。你如果去见大王，就一定用手捂住你的鼻子。"以后美人见到楚王，就捂住鼻子。楚怀王对郑袖说："新人一见到我，就捂鼻子，这是什么缘故呢？"郑袖说："这个我知道。"楚怀王说："即使话不中听也一定要讲出来。"于是郑袖说："她大概是讨厌您身上的气味吧。"楚怀王说："这个女人太蛮横了！"就下令把美人的鼻子割掉，并且不得违抗此令。

注 释

❶因：就。

❷恶（wù）：厌恶。

❸为：犹"若"，如果。

❹夫：句首语气词。

❺妾：古代妇女自称的谦辞。

❻恶（è）：丑恶。

❼臭（xiù）：气味。

❽悍：凶暴蛮横。

❾劓（yì）：古代的一种刑罚，割掉鼻子。逆命：违抗命令。

庄辛谓楚襄王曰（楚策四）

题解

本篇通过庄辛对楚襄王的劝告，生动地说明了强敌当前，必须励精图治，如果一味贪图享乐，与幸臣为伍，必将遭到国破身亡之祸。同时也告诫人们要居安思危，善于听取他人意见，及时改正错误，避免祸患。通篇用比，自小及大，从物到人，由历史到现实，论辩委婉从容而又步步紧逼，最后将锋芒指向襄王本人，促使其猛然惊醒。这种写法，别具一格，既生动形象，又富有说服力。成语"亡羊补牢"即出自本篇。

【原文】

庄辛谓楚襄王曰①："君王左州侯，右夏侯②，辇从鄢陵君与寿陵君③，专淫逸侈靡④，不顾国政⑤，郢都必危矣⑥！"襄王曰："先生老悖乎⑦？将以为楚国袄祥乎⑧？"庄辛曰："臣诚见其必然者也⑨，非敢以为国袄祥也。君王卒幸四子者不衰⑩，楚国必亡矣。臣请辟于赵，淹留以观之⑪。"

【译文】

庄辛对楚襄王说："大王的左边有州侯，右边有夏侯，车后又有鄢陵君和寿陵君跟随，您一味放荡不羁，奢侈靡费，不过问国家大事，这样下去郢都必然危险！"楚襄王说："先生是老糊涂了吧？还是用妖言惑乱楚国人呢？"庄辛回答说："我确实看到您这种行为的必然结果，不敢用妖言惑乱楚国人啊。如果大王始终宠爱这四个人而不知改变，楚国一定会灭亡。我请求躲避到赵国去，留在那里静观其变。"

注 释

❶庄辛：战国时楚国大臣。楚襄王：战国时楚国君。怀王之子。公元前298—前263年在位。名横。

❷州侯、夏侯：楚襄王的宠臣。

❸辇：用人力拉的车子。鄢陵君、寿陵君：楚襄王的宠臣。

❹逸：放纵。侈：奢侈。靡：浪费。

❺顾：看，过问。

❻郢都：楚国国都郢。在今湖北荆州市荆州区西北。

❼悖：昏乱。

❽袄（yāo）祥：指不祥的预兆。袄，通"妖"。

❾诚：确实。

❿卒：始终。幸：宠幸。四子者：指州侯、夏侯、鄢陵君和寿陵君四人。不衰：不减。

⓫辟：通"避"，躲避。淹留：滞留。

【原文】

庄辛去之赵①，留五月②，秦果举鄢、郢、巫、上蔡、陈之地③。襄王流掩于城阳④，于是使人发驺征庄辛于赵⑤。庄辛曰："诺。"

【译文】

庄辛离开楚国到了赵国，在赵国住了五个月，秦国果然攻克了楚国的鄢、郢、巫、上蔡、陈等地。楚襄王流亡躲藏在城阳，他这才派人专车到赵国去召回庄辛。庄辛回答说："好吧。"

注 释

❶去：离开。之：往，到。

❷留：停留。

❸举：攻取。

❹流：流亡。掩：藏匿。
❺骖：古代贵族骑马时的前后侍从骑士。征：召，召回。

【原文】

庄辛至，襄王曰："寡人不能用先生之言①，今事至于此，为之奈何②？"庄辛对曰："臣闻鄙语曰③：'见兔而顾犬④，未为晚也；亡羊而补牢⑤，未为迟也。'臣闻昔汤、武以百里昌⑥，桀、纣以天下亡⑦。今楚国虽小，绝长续短，犹以数千里⑧，岂特百里哉⑨！

【译文】

庄辛回到了楚国，楚襄王说："当初我没有听你的话，如今事情弄到了这个地步，你看该怎么办呢？"庄辛回答说："我听俗话说：'看到兔子再回头唤猎狗，还不算太晚；丢了羊再去修补羊圈，也不算太迟。'从前，商汤王、周武王凭借百里的地方而兴盛起来；夏桀王、殷纣王虽拥有天下却终于灭亡。如今楚国虽小，截长补短，还有数千里，岂止百里大呢！

注释

❶用：采纳，听从。
❷为之奈何：对此怎么办。
❸鄙语：俗话。
❹顾：回头看。
❺亡：丢失。
❻汤：商汤王。武：周武王。以：凭借。昌：昌盛。
❼桀：夏朝末代君主。纣：商朝末代君主。
❽犹：尚，还。以：犹"有"。
❾岂特：岂止。

【原文】

"王独不见夫蜻蛉乎①？六足四翼，飞翔乎天地之间②，俯啄蚊虻而食之③，仰承甘露而饮之④，自以为无患，与人无争也。不知夫五尺童子，方将调饴胶丝⑤，加己乎四仞之上⑥，而下为蝼蚁食也⑦。

【译文】

"大王难道没有见过那蜻蜓吗？它有六足四翅，在空中飞翔，低头捕蚊虫吃，仰首喝甘甜的露水，自以为无忧无虑，与世无争。它哪里想到那五尺高的孩子，正要调和糖浆，涂在丝上，举到四仞高的地方粘住自己，丢给蝼蛄、蚂蚁吃呢。

注 释

❶独：难道。夫：那。蜻蛉：蜻蜓。
❷乎：介词，于，在。
❸俯：指向下。啄：捕捉。蚊虻：蚊子之类的小虫。
❹甘露：甜美的露水。
❺尺：长度单位，周时一尺约合今七寸。方将：正要。调饴胶丝：调和糖浆，涂在丝上，用以捕捉蜻蜓。
❻加己：加在自己（指蜻蜓）身上。仞：长度单位，周时一仞合八尺。
❼蝼蚁：蝼蛄和蚂蚁。

【原文】

"蜻蛉其小者也，黄雀因是以①。俯噣白粒②，仰栖茂树③，鼓翅奋翼④，自以为无患，与人无争也。不知夫公子王孙⑤，左挟弹，右摄丸⑥，将加

【译文】

"蜻蜓还算是小的，那黄雀也是这样啊。它飞下来啄食米粒，飞上茂密的大树栖息，张开翅膀，奋力飞翔，自以为无忧无虑，与世无争。哪里知道那些公子王孙，左手拿着弓，右手持着弹子，瞄准它的脖颈，想要从十

己乎十仞之上，以其颈为招⑦。昼游乎茂树，夕调乎酸咸⑧，倏忽之间⑨，坠于公子之手。

仞的高空把它打下来。黄雀白天还在茂密的树林中游憩，晚上就被人加上佐料，做成了佳肴，真是转眼之间，就落在公子王孙的手中。

注 释

❶ 黄雀：鸟名。
❷ 嚼（zhuó）：通"啄"。白粒：米粒。
❸ 栖：栖息。
❹ 鼓、奋：鼓劲，用力。
❺ 公子：诸侯的子弟。王孙：贵族的子孙。
❻ 弹（dàn）：弹弓。摄：用手握持。
❼ 招：箭靶，目标。
❽ 酸咸：指调味的佐料。
❾ 倏忽之间：转眼之间。

【原文】

"夫黄雀其小者也，黄鹄因是以①。游于江海，淹乎大沼②，俯嚼鳝鲤，仰啮菱衡③，奋其六翮而凌清风，飘摇乎高翔④，自以为无患，与人无争也。不知夫射者，方将修其碆卢，治其矰缴⑤，将加己乎百仞之上。被礛磻，引微缴，折清风而抎矣⑥。故昼游乎江河，

【译文】

"黄雀还算是小的，黄鹄也是这样啊。它在江海上遨游，在大池旁边栖息，低头食鳝鱼、鲤鱼，仰头食菱角、荇菜，展开翅膀，乘着清风在高空中自由自在飞翔，自以为无忧无虑，与世无争。哪里料到那射手，正在修治弓箭，系好拴箭的丝绳，要把它从百仞高的空中射下来。它中了箭，拖着细细的丝线，从清风中掉下来。黄鹄白天还在江河中游憩，晚上就被人

夕调乎鼎鼐⑦。 | 放在锅里烹煮了。

注释

❶黄鹄：天鹅。

❷淹：停留，休息。沼：池塘。

❸啄：咬。菱：菱角。衡：通"荇"，一种水草。

❹六翮（hé）：鸟翅上的长羽毛，俗称大翎。此指鸟翅。凌：驾，乘。飘摇乎：飞翔的样子。

❺修：治，整治。砥（bō）：石制的箭头。卢：黑色的弓。矰缴（zēngzhuó）：系在箭上的丝绳，猎取飞鸟的射具。

❻被：遭受。礛：锐利。磻（bō）：通"砥"。引：拖着。折：指划过。抎：坠落。

❼鼎鼐：皆古代烧煮食物的炊具。鼐，大鼎。

【原文】

"夫黄鹄其小者也，蔡圣侯之事因是以①。南游乎高陂，北陵乎巫山②，饮茹溪之流，食湘波之鱼③，左抱幼妾，右拥嬖女④，与之驰骋乎高蔡之中⑤，而不以国家为事。不知夫子发方受命乎宣王，系己以朱丝而见之也⑥。

【译文】

"黄鹄还算是小的，蔡圣侯的事也是这样。他南游高丘，北登巫山，喝茹溪的水，吃湘江的鱼，左手抱着年轻的美妾，右手搂着宠爱的美女，同她们在高蔡驱车游乐，却不拿国家当回事。他哪里知道那子发正接受楚宣王的命令，要用红绳绑上自己去见楚宣王。

注释

❶蔡圣侯：蔡国末代君主。

❷高陵：高丘。陵：登。巫山：山名。在今重庆、湖北边境。因山势曲折盘错，形如"巫"字，故名。

❸茹溪：战国楚水名。在今湖南慈利西南，东北流注于澧水。湘波：湘江。在今湖南境内。

❹嬖（bì）：宠爱。

❺高蔡：在今河南上蔡。

❻子发：楚宣王大将。朱丝：红色的绳索。

【原文】

"蔡圣侯之事其小者也，君王之事因是以。左州侯，右夏侯，辇从鄢陵君与寿陵君，饭封禄之粟，而载方府之金①，与之驰骋乎云梦之中②，而不以天下国家为事。不知夫穰侯方受命乎秦王③，填黾塞之内④，而投己乎黾塞之外。"

【译文】

"蔡圣侯的事还算是小的，大王的事情也是这样。您左边是州侯，右边是夏侯，车后跟随着鄢陵君和寿陵君，吃着封地的粮食，载着国库里的钱财，同他们在云梦泽中驱车游乐，而不拿国家当回事。大王哪里知道穰侯正接受秦王的命令，陈兵黾塞以南，要把您赶到黾塞以北。"

注 释

❶饭：吃。载：用车装载。方府：楚国的财库名。

❷云梦：云梦泽。据《汉书·地理志》等汉、魏人记载，云梦泽在南郡华容县（今湖北潜江西南）南。

❸穰侯：战国时秦国大臣。原为楚人，秦昭王母宣太后异父弟。秦武王死后秦国内乱，他拥立昭王有功。初任将军，后一再任相，封于穰（今河南邓州），号"穰侯"。秦王：亦称"秦昭襄王"。战国时秦国君。武王异母弟。公元前306—前251年在位。名稷，一作"则"。

④填：布满。此指陈兵。黾塞：古隘道名。即今河南信阳西南平靖关。

【原文】

襄王闻之，颜色变作①，身体战栗。于是乃以执圭而授之②，封之为阳陵君，与淮北之地也③。

【译文】

楚襄王听到这些话，脸色大变，身子发抖。于是襄王就把执圭的最高爵位授予庄辛，封他为阳陵君，后来又收复了淮北的失地。

注释

❶颜色：脸色。变作：改变。
❷执圭：亦称"上执珪"。爵位名。本指西周时持珪聘问邻国国君的臣僚。战国楚置，为楚国最高爵位。
❸与：犹"举"，攻下。

有献不死之药于荆王者（楚策四）

题 解

本篇通过中射之士巧妙的辩解，揭示了"不死之药"的荒谬，嘲弄了楚王的愚昧无知，同时也赞扬了中射之士的聪明机智、能言善辩及敢于破除迷信的精神。文章运用语言描写来刻画人物形象，如中射之士的辩解之词，逻辑清晰、巧妙机智，生动地展现了他的性格特点。文字叙事简洁明了，情节富有波澜，从献药、抢药、楚王发怒到中射之士辩解，最后到楚王不杀中射之士，短短几句话就将故事的矛盾冲突和发展过程展现得淋漓尽致。

【原文】

有献不死之药于荆王者①，谒者操以入②。中射之士问曰③："可食乎？"曰："可。"因夺而食之④。王怒，使人杀中射之士。中射之士使人说王曰⑤："臣问谒者，谒者曰可食，臣故食之⑥，是臣无罪，而罪在谒者也。且客献不死之药，臣食之而王杀臣，是死药也⑦。王杀无罪之臣，而明人之欺王⑧。"王乃不杀。

【译文】

有人向楚王献长生不死之药，传达官拿着药进入王宫。有个中射士问道："这药可以吃吗？"传达官说："可以吃。"中射士就把药夺过来吃了下去。楚王听了这事很恼火，派人去杀中射士。中射士托人劝楚王说："我问传达官，他说可以吃，我就把药吃了，我并没有罪，而罪在他的身上。再说，客人献的是长生不死的药，我吃了它而大王杀了我，这就成了催死的药了。大王杀死了我这个无罪的人，反倒证明客人欺骗了大王。"于是楚王就不杀他了。

注 释

❶荆王：楚王。

❷操：拿着。

❸中射之士：中射士，亦称中射，官名，负责宫中保卫。

❹因：就。

❺说（shuì）：劝说。

❻故：所以。

❼死药：能使人死的药。

❽明：证明。

天下合从（楚策四）

【题解】

本篇写魏加借用"惊弓之鸟"的寓言故事，劝阻春申君任命临武君为抗秦的将军。魏加引用这一寓言，旨在说明"一朝被蛇咬，十年怕井绳"这一道理，将惊弓之鸟的故事与临武君的情况相类比，使说理更加形象生动，具有较强的说服力。同时，本篇也体现了合纵策略在实施过程中面临的困难和挑战，以及各国之间复杂的利益关系。

【原文】

天下合从①。赵使魏加见楚春申君曰②："君有将乎③？"曰："有矣，仆欲将临武君④。"魏加曰："臣少之时好射⑤，臣愿以射譬之，可乎？"春申君曰："可。"加曰："异日者⑥，更羸与魏王处京台之下⑦，仰见飞鸟。更羸谓魏王曰：'臣为王引弓虚发而下鸟⑧。'魏王曰：'然则射可至此乎⑨？'更羸曰：'可。'有间⑩，雁从东方来，更羸以虚发而下之。魏王曰：'然则射可至此乎？'更

【译文】

六国联合抗秦。赵国派遣魏加去见楚国春申君说："您已经定下主将的人选了吗？"春申君说："定下来了，我想派临武君做主将。"魏加说："我年轻的时候爱好射箭，我想用射箭的事来打个比方，可以吗？"春申君说："可以。"于是魏加说："从前，更羸和魏王一同站在一个高台的下面，抬头见到一只飞鸟。更羸对魏王说：'我为大王拉开弓，虚发一箭，就能使鸟掉下来。'魏王问道：'那射技能达到这种程度吗？'更羸说：'能。'过了一会儿，有一只雁从东边飞来，更羸一拉弓弦，那雁真掉下来了。魏王说：'射技真可以达到这种程度吗？'更羸解释说：'这

嬴曰：'此孽也⑪'。王曰：'先生何以知之⑫？'对曰：'其飞徐而鸣悲⑬。飞徐者，故疮痛也⑭；鸣悲者，久失群也。故疮未息而惊心未忘也⑮。闻弦音，引而高飞⑯，故疮裂而陨也⑰。'今临武君尝为秦孽⑱，不可为拒秦之将也！"

是一只受过伤的鸟。'魏王问道：'先生您怎么知道呢？'更嬴回答说：'它飞得慢，叫声又凄厉。飞得慢，是由于旧伤口还疼痛；叫声凄厉，是因为长期失群。旧伤口没有痊愈，惊恐的心理还没有消除。突然听到弓弦响，就想奋力高飞避开弓箭，因而撕裂了旧伤口就掉下来了。'临武君这个人，曾经被秦军打败过，不能让他担任抵抗秦国的将领！"

注释

❶合从：合纵，弱国联合进攻强国。

❷魏加：战国时赵国人。春申君：黄歇，战国时楚国贵族。与齐孟尝君、魏信陵君、赵平原君合称"战国四公子"。

❸将：指抗秦的楚军主将。

❹仆：自称的谦辞。临武君：战国时楚国封君。

❺好（hào）：爱好。

❻异日：往时。

❼更嬴（léi）：假托的人名。京台：台名。

❽引弓：拉弓。虚发：空发，即只拉弓，不射出箭。下鸟：使鸟掉下来。

❾然则：那么。射：指射技。

❿有间：一会儿。

⑪孽：病。此指受伤的鸟。

⑫何以：从何处。

⑬徐：缓慢。

⑭故：旧。疮：犹"创"，伤口。

⑮息：平息。此指痊愈。

⑯引：避开。

⑰陨：落下。

⑱尝为秦孽：指曾为秦军所败。孽，喻指败将。

汗明见春申君（楚策四）

题 解

本篇中的主人公汗明借骥遇伯乐的故事，阐明了一个道理：识别人才重要，使用人才更重要。文中通过汗明与舜、春申君与尧的对比，突出了汗明的才华以及春申君在识别人才方面的问题；千里马与伯乐的比喻生动形象地说明了人才需要被发现和赏识的道理，增强了文章的感染力和说服力。成语"骥服盐车"即出自本篇。

【原 文】

汗明见春申君①，候问三月②，而后得见。谈卒，春申君大说之③。汗明欲复谈④，春申君曰："仆已知先生，先生大息矣⑤。"汗明憱焉曰⑥："明愿有问于君而恐固⑦。不审君之圣⑧，孰与尧也？"春申君曰："先生过矣，臣何足以当尧⑨！"汗明曰："然则君料臣孰与舜⑩？"春申君曰："先生即舜也。"汗明曰："不然⑪。臣请为君终言之⑫。君之贤实不如尧，臣之能不及舜。

【译 文】

有个叫汗明的人去见春申君，等了三个月方才见到。谈完话后，春申君很喜欢他。汗明想要再交谈，春申君就说："我已了解先生了，先生去休息吧。"汗明不安地说："我想向您请教个问题，又怕问得浅陋。我不晓得您的圣明，比尧怎样？"春申君说："先生错了，我怎么能同尧相比呢！"汗明又问道："那么您估量着我比舜怎样？"春申君回答道："先生就是舜啊。"汗明说："不是这样。请您让我把话都说出来吧。您的贤明确实不如尧，我的能力也赶不上舜。贤能的舜在圣明的尧手下

夫以贤舜事圣尧，三年而后乃相知也⑬。今君一时而知臣，是君圣于尧而臣贤于舜也⑭。"春申君曰："善⑮。"召门吏为汗先生著客籍⑯，五日一见。

做事，三年以后尧才了解舜。现在您一见我就能了解我，这样说来您比尧圣明而我比舜更有才能。"春申君听了后说："讲得好。"于是叫来家臣把汗明的名字登在宾客名册上，约定五天见一次面。

注 释

① 汗明：事迹不详，或为民间的贤能之士。
② 候：等候，等待。
③ 卒：终，完。说：通"悦"。
④ 复：再。
⑤ 仆：自称的谦辞。息：休息。
⑥ 愀焉：不安的样子。
⑦ 明：汗明自称。固：指浅陋。
⑧ 审：详知。圣：圣明。
⑨ 过：错。当：比得上。
⑩ 然则：那么。
⑪ 然：这样。
⑫ 终：尽，完全。
⑬ 事：侍奉。相知：指了解舜。
⑭ 是：这。
⑮ 善：指讲得好。
⑯ 门吏：家臣。著：书写，登记。客籍：登记宾客的簿子。

【原文】　　　　　　　　【译文】

　　汗明曰："君亦闻骥　　　　汗明说："您也听说过千里马的故事

乎①?夫骥之齿至矣②,服盐车而上太行③。蹄申膝折④,尾湛胕溃⑤,漉汁洒地⑥,白汗交流⑦,中坂迁延⑧,负辕不能上⑨。伯乐遭之⑩,下车攀而哭之⑪,解纻衣以幂之⑫。骥于是俯而喷⑬,仰而鸣,声达于天,若出金石声者⑭,何也?彼见伯乐之知己也。今仆之不肖⑮,厄于州部⑯,堀穴穷巷⑰,沉污鄙俗之日久矣⑱,君独无意湔拔仆也⑲,使得为君高鸣屈于梁乎?"

吗?有一匹千里马快老了,主人驱使它驾着盐车上太行山。它蹄子用力蹬地,弓着腿使劲拉,耷拉着尾巴,皮肤溃烂,口涎流到地上,全身大汗淋漓,在山坡上艰难地挣扎着,拉着车怎么也爬不上去。这时伯乐遇到了它,跳下车来拉着缰绳为它哭泣,脱下自己的麻布衣服给它盖上。千里马不禁低头喷了口气,接着昂首长鸣,声震长空,那声音真像是从金石乐器上发出来的,为什么这样呢?因为它碰见伯乐这样的知己了啊。如今我没有才德,在地方上遭受苦难,住在僻巷土屋里,长期沉埋在鄙风陋习之中,您难道无意为我涤除污秽,让我能够在山梁为您高声长鸣吗?"

注 释

❶骥:千里马。

❷至:指马到了老的年龄。

❸服:驾。太行:山名。在今山西高原与河北平原间。东北—西南走向。北起拒马河谷,南至晋、豫边境黄河沿岸。

❹申:伸,伸展。此处有用力蹬地的意思。膝折:弯曲膝盖,指弓着腿使劲拉。

❺尾湛(chén):垂下尾巴。湛,通"沉"。胕溃:皮肤溃烂。胕,通"肤"。

❻漉(lù)汁:渗流出的口涎。

❼白汗:汗水。

❽坂:山坡。迁延:拖延,难以前进的样子。

⑨负辕:驾辕,指拉车。

⑩伯乐:一说即孙阳,春秋时人,善相马。遭:遇。

⑪攀:指拉着缰绳。

⑫纻(zhù)衣:麻布的衣服。幂:覆盖。

⑬俯:低头。喷:喷气。

⑭金石声:指钟、磬之类乐器发出的优美声音。

⑮不肖:犹"不贤",没有才德。

⑯州部:古代一种基层行政单位。此泛指基层。

⑰堀:通"窟",土室。穷巷:僻巷。

⑱沉污:犹"沉埋"。鄙俗:鄙陋风俗。

⑲湔(jiān):洗涤。

楚考烈王无子（楚策四）

题 解

本篇记述了阴谋家李园设诡计篡夺楚国政权的始末，反映了阴谋家围绕王位继承问题所进行的血腥斗争。故事情节波澜起伏，对李园、春申君这两个人物的刻画也很成功。李园的所作所为充分体现了他的狡猾奸诈、心狠手辣；资深大臣春申君由于过多考虑个人私利，不知不觉落入了美人计的圈套，成了野心家篡权的一枚棋子，结果招致身死族灭的下场，可谓利令智昏，晚节不保。

【原 文】

楚考烈王无子①，春申君患之，求妇人宜子者进之，甚众，卒无子②。赵人李园，持其女弟欲进之楚王③，闻其不宜子④，恐又无宠。李园求事春申君为舍人⑤。已而谒归，故失期⑥。还谒，春申君问状⑦。对曰："齐王遣使求臣女弟，与其使者饮，故失期。"春申君曰："聘入乎⑧？"对曰："未也。"春申

【译 文】

楚考烈王没有儿子，春申君为此忧虑不安，寻求能生育的妇女献给考烈王，送了很多，还是没有得子。赵国人李园，带来他的妹妹，想把她献给楚王，听说楚王没有生育能力，又担心自己的妹妹因怀不上孩子而得不到楚王的宠爱。为此，李园就请求侍奉春申君，在他的门下做舍人。不久，李园告假回家，故意过了归期。李园回来后去见春申君，春申君问他超期的原因。李园回答说："齐王派遣使者来聘娶我的妹妹，我因为宴请使者而误了归期。"春申君说："下聘

君曰:"可得见乎?"曰:"可。"于是园乃进其女弟,即幸于春申君⑨。知其有身,园乃与其女弟谋⑩。

礼了吗?"李园回答:"没有。"春申君又说:"可以见见你妹妹吗?"李园说:"可以。"于是李园就把他妹妹送来,随即得到了春申君的宠爱。李园知道妹妹怀孕了,就同她定下计谋。

注 释

❶楚考烈王:战国时楚国国君。公元前262—前238年在位。名元,一作"完"。楚顷襄王之子。

❷患:忧虑。卒:最后,终于。

❸女弟:妹妹。

❹其:指考烈王。

❺事:侍奉。舍人:官名。始见《周礼·地官》。战国及汉初王公贵官均有舍人。

❻已而:不久。失期:误了期限。

❼状:情状。此指超期的原因。

❽聘:指聘礼。入:交纳。

❾幸:宠爱。

❿有身:指怀孕。谋:谋划。

【原文】

园女弟承间说春申君曰①:"楚王之贵幸君②,虽兄弟不如。今君相楚王二十余年,而王无子,即百岁后,将更立兄弟③。即楚王更立,彼亦各贵

【译文】

李园的妹妹找机会劝春申君说:"楚王宠信你,即使亲兄弟也比不上。现在你已为楚相二十多年了,而楚王无子,楚王去世后,就会另立他的兄弟为王。一旦改立了国君,他们只会重用自己的亲信,你又怎么能长期保

其故所亲④，君又安得长有宠乎⑤！非徒然也⑥，君用事久⑦，多失礼于王兄弟。兄弟诚立，祸且及身，奈何以保相印、江东之封乎⑧？今妾自知有身矣，而人莫知⑨。妾之幸君未久，诚以君之重而进妾于楚王⑩，王必幸妾。妾赖天而有男⑪，则是君之子为王也，楚国封尽可得，孰与其临不测之罪乎⑫？"春申君大然之，乃出园女弟，谨舍而言之楚王⑬。楚王召入，幸之。遂生子男，立为太子，以李园女弟立为王后。楚王贵李园⑭，李园用事。

持宠位呢！不仅如此，你长期当权，对楚王兄弟多有失礼的地方。楚王兄弟果真即位，灾祸降临到你头上，又怎能保住相印和江东的封地呢？现在我已经怀孕了，而别人谁也不知道。我侍奉你的时间还不长，凭你的身份，如果把我献给楚王，楚王一定宠爱我。如果我托天之福生下个男孩，你的儿子就会做楚王了，那么你就据有整个楚国了，这同你面临不测之罪相比，哪一种结果更好呢？"春申君认为她说得很对，就把李园的妹妹迁出，安置在另一所馆舍，并严加保卫，然后推荐给楚王。楚王召她进宫，甚为宠幸。李园妹妹后来生了个男孩，被立为太子，她又被立为王后。楚王因而重用李园，李园就执掌了大权。

注释

❶承间（jiàn）：找机会。

❷贵幸：宠幸。

❸百岁：死的婉辞。更：改。

❹贵：指重用。

❺安：怎么。

❻徒：只是。然：这样。

❼用事：指执政。

❽诚：果真。奈何：怎么。江东：长江在今芜湖、南京间作西南南、东北北流向，是南北往来主要渡口所在，秦汉以后，习称自此以下的长江南岸地区为江东。春申君在此有封邑。

⑨ 莫：没有谁。
⑩ 以：凭借。重：指春申君的高位。
⑪ 赖天：依靠上帝，有托天之福的意思。
⑫ 封：疆域。孰与：犹"何如"。常用于反诘句，表示比较、抉择。
⑬ 谨舍：谓另立馆舍安排居住，并谨慎地侍候、保卫。
⑭ 贵：使尊贵。

【原文】

　　李园既入其女弟为王后，子为太子。恐春申君语泄而益骄①，阴养死士②，欲杀春申君以灭口，而国人颇有知之者。春申君相楚二十五年，考烈王病③。朱英谓春申君曰④："世有无妄之福⑤，又有无妄之祸，今君处无妄之世，以事无妄之主，安不有无妄之人乎？"春申君曰："何谓无妄之福？"曰："君相楚二十余年矣，虽名为相国，实楚王也，五子皆相诸侯⑥，今王疾甚，旦暮且崩⑦，太子衰弱，疾而不起，而君相少主，因而代立当国，如伊尹、周公⑧，王长而反政。不即遂南面称孤⑨，因而有楚国，此所谓无妄之福也。"春

【译文】

　　李园使自己的妹妹进宫做了王后，她的儿子做了太子。李园担心春申君把这事泄露出来更加骄横，就暗中豢养刺客，想要杀死春申君以灭口，而国内有不少人知道这件事。春申君做楚相第二十五年，楚考烈王得了重病。朱英对春申君说："世上有难以想到的福分，又有不可测度的灾祸，现在您处在风云莫测的社会，而侍奉的是喜怒无常的国君，怎么会没有预想不到的人来帮助您呢？"春申君问："什么是难以想到的福分？"朱英说："您做楚相二十多年了，虽然名义上是国相，实际上是楚王，您的五个儿子都是辅佐诸侯的人，现在楚王病很重，危在旦夕，而太子身体很弱，卧病不起，您辅助年幼的国君，摄理国政，这就如同伊尹、周公一样，楚王长大后您就交权。不然干脆就南面称王，据有楚国，这就是所谓难以想到的福分。"

申君曰:"何谓无妄之祸?"曰:"李园不治国,王之舅也⑩,不为兵将,而阴养死士之日久矣。楚王崩,李园必先入⑪,据本议制断君命,秉权而杀君以灭口⑫,此所谓无妄之祸也。"春申君曰:"何谓无妄之人?"曰:"君先仕臣为郎中⑬,君王崩,李园先入,臣请为君衟其胸杀之⑭,此所谓无妄之人也。"春申君曰:"先生置之⑮,勿复言已。李园软弱人也,仆又善之⑯,又何至此?"朱英恐,乃亡去。

春申君问道:"什么是不可测度的灾祸呢?"朱英回答:"李园虽不在朝任职,可他是楚王的妻舅啊,虽不当将领,可他早就暗中豢养刺客了。楚王一旦去世,李园必定抢先进宫,按照预定的计谋,假托楚王的命令,凭借手里握着的重权而杀您灭口,这就是所谓预想不到的灾祸。"春申君问道:"预想不到的人是什么意思呢?"朱英回答:"您先任命我为郎中,楚王死了,李园会抢先入宫,请让我为您趁机把他刺死,这就是所谓预想不到的人。"春申君说:"先生您放弃这种想法吧,不要再说了。李园是个软弱的人,我又待他很好,他又何至于这样呢?"于是朱英很害怕,就逃走了。

注释

❶骄:骄横。

❷阴:暗地。死士:此指刺客。

❸病:指重病。

❹朱英:春申君的门客。

❺无妄:出人意料,预想不到。

❻相:指辅佐。

❼旦暮:早晚,指时间不长。崩:指帝王、诸侯死亡。

❽代立当国:犹言"摄政"。伊尹:商初大臣。名伊,尹为官名。一说名挚。仲壬死后,太甲即位,因不遵汤法,不理国政,被伊尹放逐,代摄国政。周公:西周初重要政治家。姬姓,名旦,亦称"叔旦"。文王之子,武王之弟。因采邑在周(今陕西岐山北),故称"周公"。曾佐武王灭商。武王死,成王年幼,由

其摄政。

⑨南面：古代以坐北面南为尊位，帝王之位南向，故称居帝位为"南面"。

⑩舅：指妻舅。

⑪入：指进宫。

⑫本议：原先的计议，既定的计谋。制断：专断。此指假托。君命：指楚王的命令。秉权：指握有重权。

⑬仕：此指任命为官。郎中：官名。战国时为郎官通称。侍从君主左右，参与谋议，执兵宿卫。

⑭剸（chōng）：刺。

⑮置：放弃。

⑯仆：春申君自称的谦辞。善：善待。

【原文】

后十七日，楚考烈王崩，李园果先入，置死士①，止于棘门之内②。春申君后入，止棘门，园死士夹刺春申君，斩其头，投之棘门外。于是使吏尽灭春申君之家。而李园女弟初幸春申君有身，而入之王所生子者，遂立为楚幽王也③。

【译文】

十七天后，楚考烈王死了，李园果然抢先入宫，在宫门内埋伏刺客。春申君随后进宫，刚进宫门，李园的刺客就从两边冲出来把春申君刺死了，并且斩下他的头，扔到宫门外。然后李园又派官吏把孟尝君的亲属满门抄斩。当初李园的妹妹在春申君家怀了孕，入宫后生下来的那个孩子，就做了楚幽王。

【注释】

❶置：安置。

❷棘门：亦称"戟门"。古时宫门插戟，故亦为宫门的别称。

❸楚幽王：战国时楚国国君。公元前237—前228年在位。名悍。楚考烈王之子。

【原 文】

是岁①,秦始皇立九年矣②。嫪毐亦为乱于秦③,觉,夷三族④,而吕不韦废。

【译 文】

这一年是秦始皇即位的第九年。嫪毐也淫乱秦宫,被发觉,被灭三族,而吕不韦也被革去相位。

注 释

❶是岁:指公元前238年。

❷秦始皇:嬴政。战国时秦国君、秦王朝的建立者。公元前247—前210年在位。秦庄襄王之子。

❸嫪毐(lào ǎi):战国时秦国宦官。初为吕不韦食客,后入宫得太后(秦王政母)宠幸,权势极大。后被杀。

❹觉:指被发觉。夷:夷灭,杀戮。三族:指父族、母族和妻族。

赵策

知伯帅赵、韩、魏而伐范、中行氏（赵策一）

题解

春秋末期，晋国公室衰微，晋国的韩、赵、魏、范、中行及知氏六卿强大，互相攻伐。继范、中行氏灭亡后，公元前453年，赵、韩、魏三家又灭知氏，瓜分知氏的领地。知伯的灭亡为后来的"三家分晋"奠定了基础，晋国的卿大夫势力进一步此消彼长，晋国公室更加名存实亡，战国的历史格局也由此逐渐形成。本篇情节完整紧凑，记叙繁简有致，文中写知伯的贪婪、赵襄子的恭谨、张孟谈的足智多谋，十分生动形象。

【原文】

知伯帅赵、韩、魏而伐范、中行氏①，灭之。休数年，使人请地于韩②。韩康子欲勿与。段规谏曰③："不可。夫知伯之为人也，好利而鸷愎④，来请地不与，必加兵于韩矣⑤，君其与之⑥。与之，彼狃⑦，又将请地于他国。他国不听⑧，必乡之以兵⑨，然则韩可以免于患难而待事之变⑩。"康子曰："善。"使使者致万家之邑

【译文】

知伯率领赵、韩、魏三家军队攻打范氏和中行氏，灭掉了他们。过了几年，知伯就派人向韩康子索求土地。韩康子打算不给他。段规劝韩康子说："不行。知伯为人，贪得无厌又凶暴固执，他来索取土地，如果不给，一定会发兵攻打我们，您还是给他吧。给了他，他就会习以为常，还会向别的国家索取土地。别的国家不答应，知伯一定会发兵攻打，这样韩氏既可以免于祸患，又可以等待事态的变化。"韩康子说："对。"就派遣使者送给知

一于知伯⑪，知伯说⑫。又使人请地于魏，魏桓子欲勿与⑬。赵葭谏曰⑭："彼请地于韩，韩与之，请地于魏，魏弗与，则是魏内自强而外怒知伯也⑮，然则其错兵于魏必矣⑯，不如与之。"桓子曰："诺。"因使人致万家之邑一于知伯，知伯说。又使人之赵，请蔺、皋狼之地⑰，赵襄子弗与⑱。知伯因阴结韩、魏⑲，将以伐赵。

伯一个有万户居民的城邑，知伯很高兴。又派人向魏桓子索取土地，魏桓子打算不给他。赵葭就规劝魏桓子说："他向韩康子索取土地，韩康子给了他，现在向我们魏氏索取土地，魏氏却不给，对内来说倒是逞强，对外可就激怒了知伯，他一定会把战争的矛头对准我们魏氏，不如给他土地。"魏桓子说："对。"就派人送给知伯一个有万户居民的城邑，知伯很高兴。又派人往赵襄子那里去，索取蔺和皋狼两地，赵襄子不给。知伯就暗地联合韩、魏，将要一起攻打赵氏。

注 释

❶知伯：亦名"荀瑶"，亦作"知瑶""智伯瑶"。春秋战国之际晋国四卿之一。晋出公十七年（前458），他与赵、韩、魏三卿攻灭范氏、中行氏，四分其地。

❷休：停止。请地：指索求土地。

❸段规：战国初人。韩康子的谋臣。

❹鸷：指凶猛。愎：固执。

❺加兵：指发兵攻打。

❻其：语气词。此处有表示希望、劝勉的意思。

❼狃（niǔ）：习惯，习以为常。

❽不听：指不给予知伯土地。

❾乡：通"向"，指向。

❿然则：那么。变：指突然发生的事件。

⓫致：送给。万家之邑：有万户人家的城邑。

⓬说：通"悦"。

⑬魏桓子：一本作"魏宣子"。

⑭赵葭：魏桓子的谋臣。

⑮自强：自恃其强，逞强。

⑯错兵：犹"加兵"。

⑰蔺：赵邑。在今山西吕梁市离石区西。皋狼：赵邑。在今山西吕梁市离石区西北。

⑱赵襄子：战国初人。名无恤，一作"毋恤"。赵鞅庶子，晋六卿之一。

⑲阴结：暗地里结交。

【原文】

赵襄子召张孟谈而告之曰①："夫知伯之为人，阳亲而阴疏②，三使韩、魏而寡人弗与焉③，其移兵寡人必矣④。今吾安居而可⑤？"张孟谈曰："夫董阏于，简主之才臣也⑥，世治晋阳，而尹铎循之⑦，其余政教犹存⑧，君其定居晋阳。"君曰："诺。"乃使延陵生将车骑先之晋阳⑨，君因从之⑩。至，行城郭，案府库，视仓廪⑪，召张孟谈曰："吾城郭已完⑫，府库足用，仓廪实矣，无矢奈何⑬？"张孟谈曰："臣闻董子之治晋阳也⑭，公宫之垣皆以荻蒿苦楚廧之⑮，其高至丈余，君发而用

【译文】

赵襄子召见张孟谈，对他说："知伯为人，表面上对人亲近，内心却对人疏远，多次派人出使韩、魏却不同我们交往，他要攻打我们是肯定的。现在我固守哪座城池好呢？"张孟谈回答说："董阏于是赵简子有才能的臣子，他一生治理晋阳，尹铎又继承了他的事业，他们的影响还很深，您还是固守晋阳吧。"赵襄子说："好吧。"于是派遣延陵生率领车马先去晋阳，赵襄子随后而往。到了晋阳以后，赵襄子就巡视城郭，视察库房，检查粮仓，召见张孟谈说："我们这里城墙已经很坚固，物资够用，粮食满仓，就是缺少箭，怎么办呢？"张孟谈回答说："我听说董阏于治理晋阳的时候，公宫的墙都是用荻、蒿、苦、楚一类的东西筑成的，有一丈多高，您可以把它拆下来做箭杆。"赵

之⑯。"于是发而试之,其坚则箘簬之劲不能过也⑰。君曰:"足矣。吾铜少若何⑱?"张孟谈曰:"臣闻董子之治晋阳也,公宫之室皆以炼铜为柱质,请发而用之,则有余铜矣⑲。"君曰:"善。"号令以定,备守以具⑳。

襄子就派人把这些材料拆下来,试了一下,果然很坚硬,就是用箘簬之竹做成的上好箭杆也不能超过它。赵襄子又问道:"箭杆够用了,我们的铜少,怎么办呢?"张孟谈回答说:"我听说董阏于治理晋阳的时候,公宫的室中都是用精铜做柱子,您派人拆下来,那么就有大量的铜了。"赵襄子说:"好。"命令已经定好,防守的物资已经齐备。

注释

❶张孟谈:战国时赵国人。赵襄子谋臣。

❷阳:指表面。阴:指暗地。

❸与:结交,交往。

❹移兵:指攻打。

❺居:驻守。

❻董阏于:春秋时晋国人。赵孟家臣。简主:赵鞅。亦称"赵简子"。春秋末晋国正卿。又名志父,亦称"赵孟"。

❼世:古称三十年为一世。此指一生。晋阳:在今山西太原南。尹铎:春秋时人。晋卿赵鞅家臣。循:沿袭,继承。

❽政教:政治和教化。

❾延陵生:赵襄子的家臣。将:率领。

❿从之:指随延陵生去晋阳。

⓫行:巡视。案:察看。府库:储存物资的地方。仓廪:贮藏粮食的仓库。

⓬完:坚固。

⓭矢:箭。奈何:怎么办。

⓮董子:对董阏于的尊称。

⓯垣:墙。狄:荻,草名,形似芦苇。蒿:蒿草。苦:灌木名,似荆。楚:荆条。廧:通"墙",筑墙。

⓰发：拆开。
⓱箘簬（jùnlù）：一种细长节稀的美竹，适于做箭杆。
⓲若何：怎么办。
⓳余：足够。
⓴具：完备。

【原文】

三国之兵乘晋阳城，遂战①。三月不能拔②，因舒军而围之，决晋水而灌之③。围晋阳三年④，城中巢居而处，悬釜而炊⑤，财食将尽，士卒病羸⑥。襄子谓张孟谈曰："粮食匮⑦，财力尽，士大夫病⑧，吾不能守矣，欲以城下⑨，何如？"张孟谈曰："臣闻之，亡不能存，危不能安，则无为贵知士也⑩。君释此计⑪，勿复言也。臣请见韩、魏之君。"襄子曰："诺。"

【译文】

知、韩、魏三家的士兵开到晋阳城，战斗就开始了。三个月还不能攻下，就散开军队围城，放晋水灌晋阳。围困晋阳多年，城里的人搭起窠巢居住，吊起锅来做饭，吃的用的快没有了，士兵筋疲力尽。赵襄子对张孟谈说："城里粮食缺乏，财物用尽，将士又病了，我不能再防守下去，我想献城投降，怎么样？"张孟谈说："我听说，如果国家将亡而不能使之保存，遭到危险而不能使之转安，那就无需敬重有才智的人了。您打消这个念头，不要再说了。请让我去劝说韩、魏两家。"赵襄子说："好。"

注释

❶乘：进攻。遂：就。
❷拔：攻克。
❸舒：散开，展开。晋水：晋河。源出今山西太原西南悬瓮山，注入汾水。
❹三年：指多年，非实指。

⑤巢居：像鸟一样在高处筑室。釜：蒸煮用的炊器。
⑥病：疲困。羸：瘦弱。
⑦匮：不足。
⑧士大夫：指将士。
⑨下：屈，指投降。
⑩贵：贵重。此指重视。知：通"智"。
⑪此计：指投降的谋划。

【原文】

张孟谈于是阴见韩、魏之君曰①："臣闻唇亡则齿寒，今知伯帅二国之君伐赵，赵将亡矣，亡则二君为之次矣②。"二君曰："我知其然③。夫知伯为人也，粗中而少亲④，我谋未遂而知⑤，则其祸必至，为之奈何？"张孟谈曰："谋出二君之口，入臣之耳，人莫之知也。"二君即与张孟谈阴约三军，与之期日⑥，夜遣入晋阳。张孟谈以报襄子，襄子再拜。

【译文】

张孟谈于是暗地去见韩、魏两国君主，说："我听说唇亡则齿寒，如今知伯率领你们两位讨伐赵氏，赵氏快要灭亡了，赵氏一灭亡，就该轮到你们两位了。"他们二人说："我们也知道会是这样的。可是，知伯为人性情粗暴而又不讲仁爱，如果我们的谋划还未成功就被知伯发觉，那就大祸临头了，你看这事怎么办呢？"张孟谈说："谋划出于二位的口，只有我一人听到，别人是不会知道的。"他们俩就与张孟谈秘密部署好三家的军队，并确定了日期，夜间又送张孟谈回到晋阳城。张孟谈把事情经过报告赵襄子，赵襄子向他行了再拜礼表示感谢。

【注释】

①阴：暗地。

❷次:次序。

❸然:如此,这样。

❹粗:粗暴,粗野。亲:仁爱。

❺遂:成。知:被发觉。

❻期:约定。

【原文】

张孟谈因朝知伯而出,遇知过辕门之外①。知过入见知伯曰:"二主殆将有变②。"君曰:"何如③?"对曰:"臣遇张孟谈于辕门之外,其志矜④,其行高。"知伯曰:"不然。吾与二主约谨矣⑤,破赵三分其地,寡人所亲之,必不欺也⑥,子释之勿出于口⑦。"知过出,见二主,入说知伯曰⑧:"二主色动而意变⑨,必背君⑩,不如今杀之。"知伯曰:"兵著晋阳三年矣⑪,旦暮当拔之而飨其利⑫,乃有他心⑬,必不然,子慎勿复言⑭。"知过曰:"不杀则遂亲之。"知伯曰:"亲之奈何⑮?"知过曰:"魏宣子之谋臣曰赵葭,康子之谋臣曰段规,是皆

【译文】

张孟谈拜见知伯出来的时候,在敌营门外遇到了知过。知过进去见知伯说:"韩、魏的君主恐怕要变卦。"知伯问道:"你怎么知道的?"知过回答说:"我在营门外碰到张孟谈,看他的神情傲慢,走路脚抬得过高。"知伯说:"不会这样。我同韩、魏二家的盟约很谨严,攻破赵氏以后三家平分赵地,这是我与韩、魏两家亲自约定的,他们一定不会欺骗我,你放心吧,不要再说了。"知过出来时又碰见韩、魏的君主,又进去劝知伯说:"韩、魏的君主脸色有变化,态度也不同往常,一定会背叛您,不如立即杀了他们。"知伯说:"围攻晋阳已经三年,早晚就可攻下它,分享其利,却会有别的想法,这是不可能的,你不要再讲了。"知过又说:"如果不杀他们就该格外亲近他们。"知伯问道:"怎么亲近他们呢?"知过回答说:"魏宣子的谋臣名叫赵葭,韩康子的谋臣名叫段规,这两个人都是能左右韩、魏两国决策的人,您可以同

能移其君之计⑯，君其与二君约，破赵而封二子者各万家之县一⑰，如是则二主之心可不变⑱，而君得其所欲矣⑲。"知伯曰："破赵而三分其地，又封二子者各万家之县一，则吾所得者少，不可。"知过见君之不用也，言之不听，出，更其姓为辅氏，遂去不见⑳。

他们二人约定，攻破赵氏后就封给他们二位每人一个有万户居民的县，如果这样，那韩康子、魏宣子就不会变心，您也可以达到自己的目的了。"知伯说："攻破赵氏后，三家平分赵氏的土地，还要封给他们二人各一个有万户居民的县，那么我得到的土地就更少了，这可不行。"知过见知伯不采纳自己的意见，什么话也不听，就告辞出来，并改姓辅氏，从此离开了，不再露面。

注　释

❶朝：拜见，朝见。知过：知伯的同族。辕门：指将帅的营门。
❷殆：大概。变：变卦，改变。
❸何如：怎么。
❹矜：傲慢。
❺谨：谨严，严格。
❻欺：欺骗。
❼释：放下。
❽说（shuì）：劝说。
❾色：脸色。动：变。此指有变化，不同往常。
❿背：背叛。
⓫著：附着。此指围城。
⓬旦暮：早晚。此指很短的时间。飨：通"享"，享有。
⓭他心：指别的想法。
⓮慎勿：切莫。
⓯奈何：怎么样。
⓰移：改变。
⓱二子者：指赵葭、段规。

⑱如是：如果这样。

⑲所欲：此指土地。

⑳见（xiàn）：出现。此指露面。

【原文】

张孟谈闻之，入见襄子曰："臣遇知过于辕门之外，其视有疑臣之心①，入见知伯，出更其姓，今暮不击，必后之矣②。"襄子曰："诺。"使张孟谈见韩、魏之君，以夜期③，杀守堤之吏而决水灌知伯军。知伯军救水而乱④，韩、魏翼而击之⑤。襄子将卒犯其前⑥，大败知伯军而禽知伯⑦。

【译文】

张孟谈听说这件事，进去见赵襄子说："我在营门外碰到知过，他的目光里流露出怀疑我的神色，走进去见知伯，出来后就改了姓，今天晚上不攻击知伯，必然要落在知伯的后面了。"赵襄子说："好吧。"就派张孟谈去见韩康子、魏宣子，约定在当天夜里行动，杀掉守护河堤的官吏，决堤放水淹知伯的军营。知伯的士兵为封堵奔涌的洪水而乱作一团，韩、魏的军队就从两翼夹击，赵襄子率领士卒从正面进攻，把知伯的军队打得大败，并擒获了知伯。

注 释

❶视：看。此指目光。

❷后之：指行动落于知伯的后面。

❸期：约定。

❹救：阻止，封堵。

❺翼：指左右两边。

❻将：率领。犯：进犯，进攻。前：指正面。

❼禽：通"擒"。

【原文】

知伯身死、国亡、地分①，为天下笑，此贪欲无厌也②。夫不听知过，亦所以亡也。知氏尽灭，唯辅氏存焉③。

【译文】

知伯身死，国家灭亡，领地被分，并受到天下人的讥笑，这是他贪得无厌的缘故。他不听知过的劝告，也是被灭亡的一个重要原因。知伯家族全被消灭，只有辅氏一支存于世。

注释

❶地分：指知伯领地被韩、魏、赵三家瓜分。

❷厌：满足。

❸唯：独。

秦攻赵于长平（赵策三）

题 解

本篇写楼缓与虞卿在对待秦国问题上所展开的一场争论，反映了"连横"与"合纵"两派政治主张上的分歧。在长平之战中，秦将白起坑杀赵降卒四十余万，从此赵国的实力削弱。此后，秦国趁机向赵索取六城作为媾和的条件，并派楼缓前来游说，而赵臣虞卿则主张联合齐、魏，共同抗秦。文中着重描写了楼、虞两人的三次谈话：一个巧言伪善、强词夺理，一个据事析理、情辞恳切，形成鲜明对比。在这场舌战中，双方措辞激烈，气氛紧张热烈，扣人心弦。成语"弹丸之地""不遗余力"即出自本篇。

【原文】

秦攻赵于长平①，大破之，引兵而归。因使人索六城于赵而讲②。赵计未定③。楼缓新从秦来④，赵王与楼缓计之曰："与秦城何如⑤？不与何如？"楼缓辞让曰："此非臣之所能知也⑥。"王曰："虽然，试言公之私⑦。"楼缓曰："王亦闻夫公甫文伯母乎⑧？公甫文伯官于鲁，病死，妇人为

【译文】

秦国在长平攻打赵国，大破赵军，随后撤回了军队。接着，秦国就派人向赵国索取六座城来讲和。赵王一时拿不定主意。这时楼缓刚从秦国来，赵王便和楼缓商议这件事，说："给秦国六座城怎样？不给又怎样？"楼缓推辞说："这不是我做臣子的所能知道的。"赵王说："虽是这样，姑且谈谈你个人的意见。"楼缓说："大王听说过公甫文伯的母亲吗？公甫文伯在鲁国做官，得病死了，妻妾在房里为他自杀的有两人。他

之自杀于房中者二人⑨。其母闻之⑩，不肯哭也。相室曰⑪：'焉有子死而不哭者乎?'其母曰⑫：'孔子，贤人也，逐于鲁，是人不随⑬。今死而妇人为死者二人，若是者，其于长者薄而于妇人厚⑭。'故从母言之，之为贤母也；从妇言之，必不免为妒妇也⑮。故其言一也，言者异则人心变矣⑯。今臣新从秦来，而言勿与，则非计也⑰；言与之，则恐王以臣之为秦也，故不敢对⑱。使臣得为王计之⑲，不如予之。"王曰："诺。"

的母亲听说了，就不肯为儿子哭泣。他家的管家说：'哪有儿子死了，母亲不哭的呢?'公甫文伯的母亲说：'孔子是位贤人，被鲁国驱逐出境，他不跟随孔子一起出走。现在他死了，妻妾为他自杀的有两人，如此说来，他对长者薄情而对妻妾情意太厚。'这话从母亲口里说出，她就会被人看成是一位贤惠的母亲；如果从妻妾口里说出，一定会被人看成是妒妇。所以说一样的话语，说话的人身份不同，大家的看法就不一样。现在我刚从秦国来，如果说不给，那就不是好主意；若是说给秦国，就恐怕大王以为我是为秦国说话，所以我不敢回答。如果让我为大王出主意，我看不如把土地割让给秦国。"赵王说："好。"

注 释

❶长平：古城名。战国赵邑。故址在今山西高平西北。公元前260年秦将白起大破赵将赵括，坑杀赵降卒于此。

❷讲：讲和。

❸计：计谋，主意。

❹楼缓：战国时赵国人。仕赵武灵王，主张与秦、楚联合，支持武灵王胡服骑射。后入秦，出任秦相。

❺与：给予。

❻臣：臣子。

❼试：姑且。私：指私人的意见。

❽公甫文伯：春秋时期鲁国季康子之从叔，名歜（chù）。

❾人：一本作"八"。
❿闻：听说。
⓫相室：春秋时期贵族的管家。
⓬母：公甫文伯母敬姜。
⓭是人：指公甫文伯。
⓮若是：如此。长者：有道德的长辈。
⓯妒妇：有嫉妒心的女人。
⓰人心：指众人的看法。
⓱非计：指不是好主意。
⓲对：回答。
⓳使：假使。计之：指为此事出计谋。

【原　文】

　　虞卿闻之①，入见王。王以楼缓言告之。虞卿曰："此饰说也②。"王曰："何谓也？"虞卿曰："秦之攻赵也，倦而归乎③？王以其力尚能进，爱王而不攻乎？"王曰："秦之攻我也，不遗余力矣，必以倦而归也④。"虞卿曰："秦以其力攻其所不能取，倦而归。王又以其力之所不能攻以资之⑤，是助秦自攻也。来年秦复攻王，王无以救矣。"

【译　文】

　　虞卿听说了，就进去见赵王。赵王把楼缓的话告诉他。虞卿说："这是骗人的话。"赵王问道："为什么这样说呢？"虞卿说："秦国攻打赵国，是因为疲惫不堪而撤兵吗？或是大王以为他们还能够继续进攻，只是因为爱护大王而撤兵呢？"赵王说："秦国攻打我们，是不遗余力的，一定是因为疲惫不堪了才撤回去的。"虞卿说："秦国用他的兵力，攻打他不能攻取的六座城，精疲力尽了才撤回去。现在大王又拿秦国兵力不能攻取的城邑去资助他们，这就是帮助秦国攻打自己啊。明年秦国再来攻打，大王便没法自救了。"

注 释

❶虞卿：亦作"虞庆""吴庆"。战国时游士。虞氏，名失传，曾进说赵孝成王，被任为上卿，号"虞卿"。主张以赵为主，合纵抗秦。
❷饰：文饰，掩饰。
❸倦：疲倦。
❹以：因为。
❺资：资助。

【原文】

王又以虞卿之言告楼缓。楼缓曰："虞卿能尽知秦力之所至乎①？诚不知秦力之所不至②，此弹丸之地③，犹不予也，令秦来年复攻王，得无割其内而媾乎④？"王曰："诚听子割矣，子能必来年秦之不复攻我乎⑤？"楼缓对曰："此非臣之所敢任也⑥。昔者三晋之交于秦⑦，相善也。今秦释韩、魏而独攻王⑧，王之所以事秦必不如韩、魏也。今臣为足下解负亲之攻⑨，启关通币，齐交韩、魏⑩，至来年而王独不取于秦⑪，王之所以事秦者，必在韩、魏之后也，此非臣之所敢任也。"

【译文】

赵王又把虞卿的话告诉楼缓。楼缓说："虞卿能完全知道秦国的兵力能打到哪里吗？假如他确实不知道秦国的兵力能够打到哪里，这点弹丸之地也不肯给，倘若明年秦国再来攻打，大王能不割赵国的内地而求和吗？"赵王说："如果听你的话，割了地，你能保证明年秦国不再来攻打我吗？"楼缓回答说："这不是我敢担保的。从前，韩、赵、魏与秦结交，关系都很好。现在秦国不打韩、魏却偏偏攻打大王，一定是大王侍奉秦国赶不上韩、魏了。现在我替大王解除因背弃秦国而受到的攻击，开放关防，互通使节，使赵国像韩、魏一样同秦国亲善，如果到明年大王还不能取悦于秦国，那么一定是大王侍奉秦国不如韩、魏周到，所以说这不是我敢担保的。"

注 释

❶秦力之所至：指秦国兵力能打到哪里。
❷诚：假设。
❸弹丸之地：形容地方很小。
❹令：倘若。得无：能不。内：指内地。媾：媾和。
❺必：断定，保证。
❻任：担保。
❼三晋：指韩、赵、魏。
❽释：指不攻打。
❾足下：敬辞。古代下称上或同辈相称都用"足下"。
❿启：开。通币：犹"通使"。齐：等同。
⓫取：取悦。

【原文】

王以楼缓之言告。虞卿曰："楼缓言，不媾，来年秦复攻，王得无更割其内而媾①。今媾，楼缓又不能必秦之不复攻也，虽割何益！来年复攻，又割其力之所不能取而媾也，此自尽之术也②，不如无媾。秦虽善攻，不能取六城，赵虽不能守，而不至失六城③。秦倦而归，兵必罢④。我以五城收天下以攻罢秦⑤，是我失之于天

【译文】

赵王把楼缓的话告诉虞卿。虞卿说："楼缓说，赵国假如不求和，明年秦国再来攻打，大王难免不割让赵国的内地而求和。现在讲和了，楼缓又不能保证秦国不再来攻打，那么割让土地又有什么好处！明年秦国再来攻打，又割让秦国使用兵力也不能取得的土地以求讲和，这是自取灭亡的办法，不如同秦国讲和。秦国虽然善于进攻，也不能攻下我六座城，赵国虽然不善防守，也不至于一下子丢失六座城。秦国由于疲倦而撤军，他们的士兵一定很疲惫。我们拿出五座城换取天下的援助，去攻击疲惫的秦国，这是我们失地于

下，而取偿于秦也⑥。吾国尚利⑦，孰与坐而割地⑧，自弱以强秦？今楼缓曰：'秦善韩、魏而攻赵者⑨，必王之事秦不如韩、魏也。'是使王岁以六城事秦也⑩，即坐而地尽矣。来年秦复求割地，王将予之乎⑪？不与，则是弃前功而挑秦祸也⑫；与之，则无地而给之⑬。语曰：'强者善攻，而弱者不能自守。'今坐而听秦⑭，秦兵不敝而多得地，是强秦而弱赵也⑮。以益愈强之秦，而割愈弱之赵⑯，其计固不止矣⑰。且秦虎狼之国也⑱，无礼义之心，其求无已⑲，而王之地有尽。以有尽之地，给无已之求⑳，其势必无赵矣。故曰：此饰说也。王必勿与。"王曰："诺。"

天下，却从秦国那里取得补偿。这样做对我国还是有好处，怎么能拱手割地，削弱自己去壮大秦国呢？现在楼缓说：'秦国和韩、魏友好，却来攻打赵国，定是赵国侍奉秦国不如韩、魏。'这是叫大王每年拿出六座城去侍奉秦国，那就白白地把土地丢光了。下一年秦国再来要求割地，大王打算给他吗？不给他，就是前功尽弃而挑起秦国攻赵的灾祸；给他，就没有那么多土地满足他了。俗话说：'兵力强的专会攻掠，兵力弱的不能自卫。'现在假如听凭秦国摆布，秦国不用打仗就能得到很多土地，这就使秦国越来越强而赵国越来越弱。增强了越来越强的秦国，削弱了越来越弱的赵国，那侵犯赵国土地的做法一定不会停止。而且，秦国是如虎狼那样贪暴凶残的国家，没有讲礼义的心，秦国的欲望没有穷尽，而大王的土地有限。拿有限的土地，去满足没有穷尽的欲望，这样下去，必然使赵国灭亡了。所以说：这是用巧辩来掩饰真情的话。大王一定不要给秦国土地。"赵王说："好。"

注释

❶更：再。

❷术：方法。

❸至：至于。

❹罢：通"疲"，疲乏。

❺收天下：指取得天下的援助。

❻偿：补偿。

❼尚：犹，还。利：有利，占便宜。

❽坐：此指不出战。

❾善：与……友好。

❿岁：每年。

⓫将：打算。

⓬秦祸：指秦伐赵的兵祸。

⓭给之：使之满足。

⓮听秦：指满足秦国割地的要求。

⓯强秦：使秦强。弱赵：使赵弱。

⓰益：增强。割：削弱。

⓱其计：指秦侵夺赵土地的方略。

⓲虎狼：指如虎狼那样凶残。

⓳已：穷尽，停止。

⓴给：满足。

【原 文】

楼缓闻之，入见于王，王又以虞卿言告之。楼缓曰："不然，虞卿得其一，未知其二也。夫秦、赵构难，而天下皆说①，何也？曰：'我将因强而乘弱②。'今赵兵困于秦③，天下之贺战胜者，则必尽在于秦矣。故不若亟割地求和以疑天下④，慰秦心。不然，天下将因秦之

【译 文】

楼缓听说了，就进去见赵王，赵王又把虞卿的话告诉他。楼缓说："不是这样，虞卿知其一，不知其二。秦、赵两国交战，天下各国都高兴，这是为什么呢？他们会说：'我将要依靠强国趁势欺负弱国。'现在赵军被秦国打败了，天下那些祝贺战争胜利的人，就一定都在秦国了。所以不如赶快割地求和，以此来迷惑天下各国，让他们不敢打赵国的主意，并且使秦王得到心理上的抚慰。否则，天下各国利用秦王的强大，趁着赵国的疲惫都来瓜

怒⑤，乘赵之敝而瓜分之。赵且亡⑥，何秦之图！王以此断之，勿复计也⑦。"

分赵国。赵国自身将要灭亡，还侈谈什么对付秦国呢！希望大王就此拿定主意，不要再有别的想法了。"

注释

❶构难：此指交战。说：通"悦"。
❷因：依靠。乘：此有欺凌、欺压的意思。
❸困：窘迫。此指打败仗。
❹亟：急。
❺怒：强。
❻且：将要。
❼断：决断。计：议论。

【原文】

虞卿闻之，又入见王曰："危矣，楼子之为秦也①！夫赵兵困于秦，又割地为和，是愈疑天下，而何慰秦心哉！是不亦大示天下弱乎②？且臣曰勿予者，非固勿予而已也③。秦索六城于王，王以五城赂齐④。齐，秦之深雠也，得王五城，并力而西击秦⑤，齐之听王⑥，不待辞之毕也。是大王失于齐而取偿于秦⑦，一举结三国之亲⑧，

【译文】

虞卿听说了，又进去见赵王说："危险了，楼缓是在为秦国打算！赵军被秦国打败了，又要割地求和，这就越发使天下诸国怀疑赵国软弱，且又怎能安抚秦王的野心呢！这不是把赵国的软弱无能完全暴露给天下诸国了吗？况且，我说不割土地，并不是坚决不割就算了。秦国向大王要六座城邑，大王拿五座城邑送给齐国。齐国是秦国最恨的仇敌，齐国得到大王五座城邑，就会与赵国同心协力向西去攻打秦国，齐国不等我们把话说完，就会听从大王的意见了。这是大王失地于齐而从秦国取得补偿，一

而与秦易道也⁹。"赵王曰:"善。"因发虞卿东见齐王⑩,与之谋秦。虞卿未反⑪,秦之使者已在赵矣。楼缓闻之,逃去。

下就同韩、魏、齐三国结成好关系,这样赵国与秦国所处的地位正好相反了。"赵王说:"对。"于是派遣虞卿东去见齐王,与他商议对付秦国的策略。虞卿还没有回国,秦国主动来讲和的使臣已经到了赵国。楼缓听到这个消息,就逃走了。

注 释

❶楼子:对楼缓的敬称。

❷示:展示,暴露。

❸固:坚决。而已:罢了。

❹赂:以礼物送人。

❺并力:协力。

❻听王:指听从大王的意见。

❼失于齐:指失地于齐。

❽结三国之亲:韩、魏本是赵国的盟国,加上齐国,所以说"结三国之亲"。

❾易道:指改变原有的局面,优势变劣势,劣势变优势。

❿因:于是。发:派遣。

⓫反:通"返",回。

秦围赵之邯郸（赵策三）

题 解

本篇记叙了正在赵国游历的齐国高士鲁仲连与辛垣衍就抗秦与"帝秦"这一问题所展开的一场激烈论战。鲁仲连以无可辩驳的事实，说明"帝秦"必致后患的道理，又以犀利的言辞批评了辛垣衍的卑劣心态，最后又言明"帝秦"会给个人利益造成严重危害。这就使辛垣衍为之折服，不敢复言"帝秦"。文章赞扬了鲁仲连不畏强权、敢于斗争的精神以及为人排难解纷而无所取的美德。成语"鲁连蹈海"即源于此篇。

【原 文】

秦围赵之邯郸①。魏安釐王使将军晋鄙救赵②，畏秦，止于荡阴不进③。魏王使客将军辛垣衍间入邯郸④，因平原君谓赵王曰⑤："秦所以急围赵者⑥，前与齐湣王争强为帝⑦，已而复归帝⑧，以齐故。今齐已益弱，方今唯秦雄天下⑨，此非必贪邯郸⑩，其意欲求为帝。赵诚发使尊秦昭王为帝⑪，秦必喜，罢兵去⑫。"

【译 文】

秦军包围了赵国的邯郸。魏国安釐王派遣将军晋鄙带兵去营救赵国，因为畏惧秦国，军队驻扎在荡阴不敢前进。魏王派客将军辛垣衍偷偷地进入邯郸，通过平原君对赵王说："秦军所以紧紧围困赵国，是因为从前秦昭王和齐湣王争着称帝，不久秦王取消了帝号，就是因为齐王先取消了帝号。如今齐国已更加衰弱，只有秦国称雄天下，此次出兵不是真想攻占邯郸，秦国的用意是想要称帝。如果赵国肯派遣使者尊奉秦昭王为帝，秦国必定高兴，会撤兵离开邯

平原君犹豫未有所决。 郸。"平原君对此事犹豫不决。

注 释

① 邯郸：赵国国都。

② 魏安釐王：战国时魏国君。昭王之子。公元前276—前243年在位。名圉。晋鄙：魏国大将。

③ 荡阴：战国魏邑。在今河南汤阴西南。

④ 客将军：客籍将军。间入：秘密进入。

⑤ 因：靠。平原君：战国时赵国贵族。赵惠文王之弟，封于东武城（今山东武城西北），号"平原君"。任赵相，有食客数千人。与齐孟尝君、魏信陵君、楚春申君合称"战国四公子"。

⑥ 急围：紧紧围困。

⑦ 齐湣王：战国时齐国君。宣王之子。公元前300—前284年在位。名地，一作"遂"。

⑧ 已而：不久。归帝：归还帝号，即取消帝号。

⑨ 方今：现在。雄：称雄。

⑩ 此：指秦围邯郸一事。贪：贪图。

⑪ 发使：派遣使者。

⑫ 罢兵：撤兵。

【原 文】

　　此时鲁仲连适游赵，会秦围赵①。闻魏将欲令赵尊秦为帝②，乃见平原君曰："事将奈何矣③？"平原君曰："胜也何敢言事④！百万之众折于外⑤，今又

【译 文】

　　这时鲁仲连正在赵国游历，碰上秦军围攻赵国。他听说魏国打算叫赵国尊秦王为帝，于是去见平原君说："这事该怎么办？"平原君说："我怎么还敢谈国家大事！百万之师挫败于外，如今秦军又深入国内，

内围邯郸而不能去⑥。魏王使将军辛垣衍令赵帝秦。今其人在是⑦，胜也何敢言事！"鲁连曰："始吾以君为天下之贤公子也⑧，吾乃今然后知君非天下之贤公子也⑨。梁客辛垣衍安在⑩？吾请为君责而归之⑪。"平原君曰："胜请召而见之于先生。"平原君遂见辛垣衍曰："东国有鲁连先生⑫，其人在此，胜请为绍介而见之于将军⑬。"辛垣衍曰："吾闻鲁连先生，齐国之高士也⑭，衍，人臣也⑮。使事有职，吾不愿见鲁连先生也。"平原君曰："胜已泄之矣⑯。"辛垣衍许诺⑰。

围攻邯郸而不撤兵。魏王差遣将军辛垣衍让赵国尊秦王为帝。现在这个人还在这里，我怎么还敢谈国家大事！"鲁仲连说："起初我把您看成天下的贤公子，我今天才知道您不是天下的贤公子。魏国客人辛垣衍在哪里？请让我替您责备他并打发他回去。"平原君说："让我请他来见先生吧。"平原君就去见辛垣衍说："齐国有个鲁仲连先生，这个人在这里，我想介绍将军和他见面。"辛垣衍说："我听说鲁仲连先生是齐国的高士，我是魏王的臣子。使者有一定职守，我不愿见鲁仲连先生。"平原君说："我已经把你在这里的消息告诉他了。"辛垣衍这才答应见他。

注释

❶会：恰逢。

❷令：使。

❸奈何：怎么办。

❹胜：平原君自称。

❺折：折损。此指长平之役秦将白起坑杀赵降兵四十余万人。百万是夸张的说法。

❻去：指退兵。

❼是：这。

❽贤：贤明。

❾乃今：如今。

⑩安在：在哪里。
⑪责：责备。
⑫东国：指齐国。齐在赵之东，故称。
⑬绍介：介绍。
⑭高士：品德高尚而不做官的人。
⑮人臣：臣子。
⑯泄：泄露。此指辛垣衍来赵一事。
⑰许诺：答应。

【原 文】

鲁连见辛垣衍而无言。辛垣衍曰："吾视居此围城之中者，皆有求于平原君者也。今吾视先生之玉貌①，非有求于平原君者，曷为久居此围城之中而不去也②？"鲁连曰："世以鲍焦无从容而死者③，皆非也。今众人不知，则为一身。彼秦者，弃礼义而上首功之国也④。权使其士，虏使其民⑤。彼则肆然而为帝⑥，过而遂正于天下⑦，则连有赴东海而死矣⑧，吾不忍为之民也⑨！所为见将军者⑩，欲以助赵也。"辛垣衍曰："先生助之奈何⑪？"鲁连曰："吾将使梁及燕助

【译 文】

鲁仲连见到辛垣衍后却不说话。辛垣衍说："我看住在这被围困城市里的人，都是对平原君有所求的。现在我看先生的尊容，不像有求于平原君的人，为什么久留在这个被围的城市里而不离开呢？"鲁仲连说："世人中那些认为鲍焦是由于心胸狭窄而死的看法，都是不对的。现在一般人不了解鲍焦，以为他是为个人私事而死的。那秦国是舍弃礼义、崇尚斩首之功的国家。以权诈之术来使用士人，像对待奴隶一样来役使人民。秦王如果毫无忌惮地称帝，甚至由他来统治天下，那么我只有跳东海死了，我不愿给他当顺民！我见将军的原因，就是想来帮助赵国。"辛垣衍说："先生怎样帮助赵国呢？"鲁仲连说："我要使魏国和燕国帮助赵国，齐国、楚国本来早

之⑫，齐、楚则固助之矣⑬。"辛垣衍曰："燕，则吾请以从矣⑭。若乃梁⑮，则吾乃梁人也，先生恶能使梁助之耶⑯？"鲁连曰："梁未睹秦称帝之害故也⑰，使梁睹秦称帝之害，则必助赵矣⑱。"辛垣衍曰："秦称帝之害将奈何？"鲁仲连曰："昔齐威王尝为仁义矣⑲，率天下诸侯而朝周⑳。周贫且微㉑，诸侯莫朝，而齐独朝之。居岁余，周烈王崩㉒，诸侯皆吊㉓，齐后往。周怒，赴于齐曰㉔：'天崩地坼，天子下席㉕，东藩之臣田婴齐后至，则斫之㉖。'威王勃然怒曰：'叱嗟！而母婢也㉗。'卒为天下笑㉘。故生则朝周，死则叱之㉙，诚不忍其求也㉚。彼天子固然，其无足怪。"

就帮助赵国了。"辛垣衍说："燕国，我确实认为会听从你的。至于魏国，我就是魏国人，先生怎么能够使魏国帮助它呢？"鲁仲连回答说："魏国没有看到秦国称帝之害，假使魏国看到秦国称帝之害，那就一定会帮助赵国了。"辛垣衍问道："秦国称帝的危害是怎样的？"鲁仲连回答说："从前，齐威王曾讲求仁义，给天下诸侯做表率去朝见周天子。周朝贫困而且弱小，诸侯都不去朝见，而齐国独自去朝见。过了一年多，周烈王死了，诸侯都去吊丧，齐国去晚了。新天子发怒，派人到齐国报丧说：'天子驾崩，如同天崩地裂，新天子离开宫室居丧守孝，东方藩属田婴齐竟敢迟到，应当斩首。'齐威王勃然大怒，说：'呸！你的母亲是个奴婢。'终于被天下人讥笑。当周烈王活着的时候，齐威王就去朝见他，死后就斥骂他，这实在是因为受不了周天子的苛求啊。那天子本来就可以这样作威作福，并没有什么值得奇怪的。"

注 释

❶玉貌：称人容颜的敬辞。

❷曷为：为什么。

❸以：以为，认为。鲍焦：周时隐士，不满时政，后抱木而死。无从容：指心胸狭隘。

❹上:通"尚",崇尚。首功:斩首之功。

❺权:指诈术。虏:指奴隶。古代以俘虏作为奴隶。

❻则:假如。肆然:放肆。

❼过:甚至。正:通"政",统治。

❽有:只有。赴:奔赴。

❾忍:忍受。

❿所为……者:表示……的目的。

⓫奈何:怎么。

⓬梁:魏国。

⓭固:本来。

⓮请:通"诚",确实。以:认为。从:听从。

⓯若乃:至于。

⓰恶:怎么。

⓱睹:看见。

⓲则:那么。

⓳齐威王:战国时齐国君。齐桓公田午之子。公元前356—前320年在位。田氏,名因齐,一作"婴齐"。

⓴率:表率,为……做表率。

㉑微:弱小。

㉒周烈王:战国时周王。名喜。周安王之子。公元前375—前369年在位。崩:古代称帝王死亡。

㉓吊:吊丧。

㉔赴:通"讣",报丧。

㉕天崩地坼:比喻天子死亡。天子:指新天子周显王,周烈王之弟。公元前368—前321年在位。名扁。下席:离开座席。此指离开自己居住的宫室,睡在草垫上守丧。

㉖东藩:东方的藩国,指齐国。田婴齐:指齐威王,姓田,名婴齐。斫:斩杀。

㉗叱嗟:怒斥声。婢:侍婢。

㉘卒:终于。

㉙生、死:指周烈王生前、死后。
㉚求:指苛求。

【原文】

辛垣衍曰:"先生独未见夫仆乎①?十人而从一人者,宁力不胜、智不若耶②?畏之也。"鲁仲连曰:"然梁之比于秦若仆耶③?"辛垣衍曰:"然。"鲁仲连曰:"然吾将使秦王烹醢梁王④。"辛垣衍怏然不悦曰⑤:"嘻⑥,亦太甚矣,先生之言也!先生又恶能使秦王烹醢梁王⑦?"鲁仲连曰:"固也⑧,待吾言之⑨。昔者,鬼侯、鄂侯、文王,纣之三公也⑩。鬼侯有子而好,故入之于纣⑪,纣以为恶⑫,醢鬼侯。鄂侯争之急,辨之疾,故脯鄂侯⑬。文王闻之,喟然而叹⑭,故拘之于牖里之库百日⑮,而欲舍之死。曷为与人俱称帝王⑯,卒就脯醢之地也⑰?

【译文】

辛垣衍说:"先生难道没有见过奴仆吗?十个奴仆服从一个主人,这难道是因为仆人的力量和智慧不如主人吗?是怕他啊。"鲁仲连问道:"这样说来,魏国对秦国就像奴仆对主人一样了吗?"辛垣衍答道:"是的。"鲁仲连说:"既然这样,那么我就要秦王把魏王煮成肉酱。"辛垣衍心里不悦,说:"嘿,先生的话也太过分了,先生又怎能让秦王把魏王煮成肉酱呢?"鲁仲连回答说:"当然能,待我讲讲其中的道理。从前,鬼侯、鄂侯和文王,是殷纣王时的三个诸侯。鬼侯有个女儿很漂亮,就把她献给纣王,纣王认为难看,就把鬼侯剁成了肉酱。鄂侯为鬼侯激烈争辩,因而纣王又把鄂侯晒成肉干。文王听说这件事,叹了一口气,纣王就把文王拘禁在牖里的狱中,关了一百天,想要他的命。为什么有些人同别人一样具有称王称帝的资格,反而落到被人晒成肉干、剁成肉酱的地步呢?

注 释

❶独：难道。仆：奴仆。

❷十人：指十个奴仆。一人：指一个主人。宁：难道。

❸若：像。

❹烹醢（hǎi）：中国古代将犯人烹煮而死并剁成肉酱的刑罚。烹，将人放进汤锅或油锅内烧煮而死。醢，剁成肉酱。

❺怏然：不满意、不服气的样子。

❻嘻：叹词。表示惊惧、惊怒或赞叹。

❼恶（wū）：怎么。

❽固：本来，当然。

❾之：指烹醢梁王的道理。

❿鬼侯：商纣时诸侯，与西伯昌、鄂侯为商朝三公。文王：周文王，姓姬，名昌。公：此指诸侯。

⓫子：此指女儿。好：美，漂亮。入：指进献。

⓬恶（è）：指丑陋。

⓭争：辩。脯：肉干。此指做成肉干。

⓮喟然：叹息的样子。

⓯牖里：古城名。亦作"羑里"。在今河南汤阴北。库：监牢。

⓰曷为：何为，为什么。

⓱就：趋向，走进。

【原 文】

"齐闵王将之鲁①，夷维子执策而从②，谓鲁人曰：'子将何以待吾君③？'鲁人曰：'吾将以十太牢待子之君④。'夷维子曰：'子安取

【译 文】

"齐闵王要到鲁国去，夷维子拿上马鞭驾车随行，他对鲁国人说：'你们打算用什么礼节来接待我们的国君？'鲁人回答说：'我们要用十太牢招待你们的国君。'夷维子说：'你们这样接待

礼而来待吾君⑤？彼吾君者，天子也。天子巡狩，诸侯辟舍⑥，纳筦键⑦，摄衽抱几，视膳于堂下⑧。天子已食，乃退而听朝也⑨。'鲁人投其籥，不果纳⑩，不得入于鲁。将之薛，假涂于邹⑪。当是时，邹君死，闵王欲入吊⑫。夷维子谓邹之孤曰⑬：'天子吊，主人必将倍殡柩⑭，设北面于南方⑮，然后天子南面吊也。'邹之群臣曰：'必若此，吾将伏剑而死。'故不敢入于邹。邹、鲁之臣，生则不得事养，死则不得饭含⑯，然且欲行天子之礼于邹、鲁之臣⑰，不果纳。今秦万乘之国，梁亦万乘之国，俱据万乘之国，交有称王之名⑱，睹其一战而胜，欲从而帝之⑲，是使三晋之大臣不如邹、鲁之仆妾也。

我们的国君是哪儿的礼节？我们的国君是天子啊。天子巡视各诸侯国，诸侯应离开自己的宫室，交出钥匙和锁，整好衣襟恭立在几案旁，在堂下侍候天子用饭。天子吃完饭，诸侯才能告退处理政务。'鲁国人听后就闭关下锁，没有让齐闵王入境。齐闵王进不了鲁国，又要到薛地去，向邹国借道。恰巧这时候邹国国君死了，闵王要进入邹国吊唁。夷维子对嗣君说：'天子来吊唁，主人不能面对灵柩，要在南面设置坐南朝北的灵堂，然后天子面朝南吊唁。'邹国群臣说：'要是一定得这样办，我们就拔剑自杀。'闵王害怕了，不敢进入邹国。邹、鲁两小国的臣子，在国君活着的时候，不能侍奉供养，死后也无力按殡礼举丧，然而当齐国想让邹、鲁之臣对齐湣王行天子之礼时，他们都不肯接受。如今秦国是有万辆兵车的大国，魏国也是有万辆兵车的大国，同样都是拥有万辆兵车的国家，彼此都有称王之名分，现在魏国看着秦国打了一次胜仗，就要尊秦王为帝，这样看来，三晋大臣居然不如邹、鲁的仆役啊。

注　释

❶ 齐闵王：即齐湣王。

❷ 夷维子：齐人，湣王之臣。夷维，城邑名。在今山东高密。执策：拿着马

❸子：你们。待：接待。

❹太牢：亦作"大牢"。古代帝王、诸侯祭祀社稷时，牛、羊、豕三牲全备为"太牢"。

❺安：哪里。

❻巡狩：天子巡视诸侯之国。辟舍：离开自己的住舍。辟，通"避"。

❼筦键：钥匙和锁。筦，钥匙。键，锁簧。

❽衽：衣襟。视膳：侍候别人用饭。

❾听朝：指处理政事。

❿投其籥：落锁，下锁。籥，同"钥"，锁钥。纳：入。

⓫薛：齐邑。在今山东滕州东南。假涂：借道。涂，通"途"。邹：古国名。建都于邾（今山东曲阜东南息陬镇）。

⓬吊：吊唁。

⓭孤：无父曰孤。此指已故邹君之子。

⓮倍殡柩：把灵柩移到相反的方位。倍，通"背"，背向。

⓯设北面于南方：在南边设置朝北的灵堂。按：古人以坐北朝南为正位，诸侯的灵柩应设在北面。而天子尊于诸侯，故须将灵柩移到南边，然后天子向南而吊。

⓰饭含：以碎玉、生米等置于死者口中。此两句极言邹、鲁贫穷弱小，无力供养国君。

⓱然：然而。且：还。

⓲俱：同样。据：拥有。交：皆，都。

⓳从：听从。

【原文】

"且秦无已而帝①，则且变易诸侯之大臣②。彼将夺其所谓不肖③，而予其所

【译文】

"再说，秦王由于欲壑难填而称帝，那就会撤换诸侯的大臣。撤掉他认为不贤的人的官职，而任用他认为有才德的

谓贤；夺其所憎④，而与其所爱。彼又将使其子女谗妾为诸侯妃姬⑤，处梁之宫，梁王安得晏然而已乎⑥？而将军又何以得故宠乎⑦？"于是辛垣衍起，再拜，谢曰⑧："始以先生为庸人⑨，吾乃今日而知先生为天下之士也。吾请去，不敢复言帝秦。"

人；撤掉他所憎恶的人的官职，而换上他喜爱的人。他还会让秦国的女子和毁贤嫉能的女子充当诸侯的嫔妃姬妾，居住在魏王的宫廷，魏王哪里能平安无事呢？而将军又凭什么能得到原先的宠幸呢？"于是辛垣衍起身，行了再拜礼，向鲁仲连道歉说："起初我把先生看成平庸的人，到如今我才知道先生是天下的高士。我请求离开这里，不敢再谈尊秦为帝了。"

注释

❶ 无已：无止境。帝：称帝。
❷ 且：将。变易：变换。
❸ 夺：撤掉，撤除。不肖：不贤。
❹ 憎：憎恶。
❺ 子女：指女子。
❻ 晏然：平安，安定。
❼ 故宠：指过去所受的宠爱。
❽ 谢：道歉。
❾ 庸人：平常的人。

【原文】

秦将闻之，为却军五十里①。适会魏公子无忌夺晋鄙军以救赵击秦②，秦军引而去。于是平原君欲封鲁仲连。鲁仲

【译文】

秦军将领听说了这件事，接着就退兵五十里。正巧这时魏公子无忌夺得了晋鄙的兵权去救赵击秦，秦军退去。于是平原君要封鲁仲连，鲁仲连

连辞让者三③,终不肯受。平原君乃置酒,酒酣④,起前以千金为鲁连寿⑤。鲁连笑曰:"所贵于天下之士者,为人排患、释难、解纷乱而无所取也⑥。即有所取者,是商贾之人也⑦,仲连不忍为也。"遂辞平原君而去,终身不复见。

再三推辞,始终不肯接受。平原君就摆设酒宴,酒喝得畅快的时候,平原君站起来走上前,赠送鲁仲连千金,并为他祝福。鲁仲连笑着说:"天下的士所看重的,是替人排难解纷,而一无所取。假如有所取,这就成了商人了,我是不忍心这样做的。"于是告别平原君而去,终生不再见平原君。

注 释

❶却军:军队后撤。

❷魏公子无忌:战国时魏国贵族。魏安釐王之弟。号"信陵君"。门下有食客三千。与齐孟尝君、赵平原君、楚春申君合称"战国四公子"。魏安釐王二十年(前257),秦围赵都邯郸,他用计窃得兵符,击杀畏缩不前的魏将晋鄙,夺取兵权,救赵胜秦。

❸三:表示多次。

❹置酒:设酒宴。酒酣:酒喝得畅快的时候。

❺寿:以财物赠人表示祝福。

❻难:指灾难。无所取:一无所取。

❼商贾:商人的统称。古代称行商曰商,坐商曰贾。

客见赵王曰（赵策四）

题解

本篇写一个客人以买马为喻，劝说赵王要用有才德的人治国。这个客人从买马一事谈起，表面是问宫中琐事，实际是为了阐明道理，揭露赵王治国不用专门人材的错误。文章善于运用极为浅近易懂的比喻阐发观点，题材新颖，说理透辟，耐人寻味。

【原文】

客见赵王曰："臣闻王之使人买马也①，有之乎？"王曰："有之。""何故至今不遣②？"王曰："未得相马之工也③。"对曰："王何不遣建信君乎④？"王曰："建信君有国事，又不知相马。"曰："王何不遣纪姬乎⑤？"王曰："纪姬妇人也，不知相马。"对曰："买马而善，何补于国⑥？"王曰："无补于国。""买马而恶⑦，何危于国？"王曰："无危于国。"对曰："然则买马善

【译文】

有一个客人去见赵王，问道："听说大王让人去买马，有这回事吗？"赵王回答说："有。"客人又问："为什么直到今天还不派人去呢？"赵王说："没有找到会相马的人。"客人就说："大王为什么不派遣建信君呢？"赵王说："建信君有公事，他又不懂相马。"客人又问道："大王为什么不派遣纪姬呢？"赵王回答说："纪姬是个女人，不会相马。"客人又问："买了好马回来，对国家有什么补益？"赵王说："对国家没有什么补益。"客人又问："买了不好的马，对国家有什么危害？"赵王说："对国家没有什么危害。"于是这个客人说：

而若恶⑧，皆无危补于国。然而王之买马也，必将待工⑨。今治天下，举错非也⑩，国家为虚戾，而社稷不血食⑪，然而王不待工，而与建信君，何也⑫？"赵王未之应也⑬。客曰："燕郭之法，有所谓柔痈者⑭，王知之乎？"王曰："未之闻也。"所谓柔痈者，便辟左右之近者，及夫人、优笑、孺子也⑮。此皆能乘王之醉昏，而求所欲于王者也⑯。是能得之乎内，则大臣为之枉法于外矣。故日月晖于外，其贼在于内⑰。谨备其所憎⑱，而祸在于所爱。"

"既然如此，买的马好或坏，都对国家没有补益或危害。然而大王买马一定要等会相马的专门人才。现在治理国家，如果措施不当，国家就会毁灭，土神和谷神得不到祭祀，然而大王治国却不用专门人才，反而交给建信君，这是为什么呢？"赵王无言以对。客人又说："郭偃的法书上有柔痈的说法，大王知道吗？"赵王回答说："还没有听说过。"客人就说："所谓柔痈，就是大王左右善于谄媚的人以及夫人、俳优、美女等。这些人都是乘大王喝醉神志不清醒时提出要求并能得到满足的人。既然如此，大臣自然就敢在外贪赃枉法了。所以说，日月如果被蚀，四周仍有个光圈，毛病却藏在里面。虽然对于所憎恶的人谨慎防范，可是祸患却往往来自所爱的人身上。"

注释

❶闻：听说。

❷遣：派。

❸工：指有专门技艺的人。

❹建信君：战国时赵国封君，不知其名，嫉贤妒能。

❺纪姬：赵王的宠妃。

❻补：补益，帮助。

❼恶：不好。

❽若：犹"或"。

❾待：等待。

⑩举错：指措施。错，通"措"。

⑪虚戾：虚厉，国空人绝。形容战祸惨烈。社稷：指国家。血食：受祭祀。此指国家政权的延续。

⑫何：为什么。

⑬应：应答。

⑭燕郭：郭偃，春秋时晋国人。为晋国掌卜大夫，故亦称"卜偃"。曾助晋文公进行改革，作有"郭偃之法"。柔痈：指夫人、孺子等柔媚其君。痈，痈疽。

⑮便辟：逢迎谄媚。优笑：俳优。优人以戏谑为业，其言语动作滑稽可笑，故称。孺子：美少女，美女。

⑯所欲：指想要的东西。

⑰晖：通"晕"，日或月周围的光圈。贼：损伤。古人认为，"月照天下，蚀于詹诸"，即月食是由于内部的蟾蜍危害造成的，因而说"贼在于内"。

⑱谨：谨慎。

赵太后新用事(赵策四)

题 解

本篇写触龙劝说赵太后,让她的爱子长安君质于齐的故事。触龙为长安君的长远利益打算,劝谏赵太后让长安君外出为国建立功业;否则,位尊而无功,奉厚而无劳,难以立足。这个见解很有见地,在今天也有借鉴意义。文章中触龙进谏,处处关怀太后,又处处围绕进谏的主题,辞令委婉,语气亲切,方式巧妙,说理透彻,历来为人称道。

【原 文】

赵太后新用事①,秦急攻之。赵氏求救于齐②。齐曰:"必以长安君为质,兵乃出③。"太后不肯,大臣强谏④。太后明谓左右:"有复言令长安君为质者,老妇必唾其面⑤。"

【译 文】

赵太后刚开始执政,秦军就加紧攻打赵国。赵国向齐国求救。齐国表示:"必须让长安君做人质,才能出兵。"太后不许,大臣们竭力劝谏。太后明确地告诉身边的人:"有再说让长安君去做人质的,我一定吐他一脸唾沫。"

注 释

❶赵太后:亦称"惠文后"。战国时赵国人。赵惠文王后,赵孝成王母。赵惠文王卒,其子孝成王立,年幼,由赵威后摄政。用事:当权。

❷赵氏:指赵国。

❸长安君:战国时赵国人。赵惠文王少子,赵孝成王弟,为赵太后所生。

质：人质。乃：才。

❹强谏：竭力劝告。

❺唾：吐唾沫。表示鄙弃。

【原 文】

左师触龙言愿见太后①，太后盛气而胥之②。入而徐趋③，至而自谢④，曰："老臣病足，曾不能疾走⑤，不得见久矣。窃自恕⑥，而恐太后玉体之有所郄也⑦，故愿望见太后。"太后曰："老妇恃辇而行⑧。"曰："日食饮得无衰乎⑨？"曰："恃粥耳⑩。"曰："老臣今者殊不欲食⑪，乃自强步⑫，日三四里，少益嗜食⑬，和于身也。"太后曰："老妇不能。"太后之色少解⑭。

【译 文】

左师触龙说希望能见到太后，太后气冲冲地等着他。触龙进朝后，慢慢地向前走，来到太后跟前表示歉意说："我脚上有毛病，所以不能快走，很久没有见到您了。私自宽恕自己，又恐怕太后贵体欠安，因而希望能见到太后。"太后说："我只能靠车子代步了。"触龙问道："每天饮食该不会减少吧？"太后回答说："靠吃点粥罢了。"触龙说："我近来很不想吃东西，自己就勉强走走，每天走上三四里，渐渐地喜欢吃东西了，身体也舒适了些。"太后说："我做不到。"这时，太后的怒色略微消了点。

注 释

❶左师：官名。触龙：战国时赵国大臣。官左师。

❷盛气：很生气的样子。胥：等待。

❸徐：缓慢。

❹谢：认错，道歉。

❺疾走：快跑。

❻窃：私下，表示个人意见的谦辞。

❼玉体：贵体。郄（xì）：通"隙"。此指身体不适。
❽恃：靠。辇：用人力拉的车子。
❾日：每天。衰：减少。
❿耳：罢了。
⓫殊：很。
⓬强步：勉强步行。
⓭少：稍，略。
⓮色：指怒色。解：消，和缓。

【原 文】

左师公曰："老臣贱息舒祺，最少，不肖①，窃爱怜之②，愿令得补黑衣之数③，以卫王宫，没死以闻④。"太后曰："敬诺。年几何矣⑤？"对曰："十五岁矣。虽少，愿及未填沟壑而托之⑥。"太后曰："丈夫亦爱怜其少子乎⑦？"对曰："甚于妇人⑧。"太后笑曰："妇人异甚。"对曰："老臣窃以为媪之爱燕后贤于长安君⑨。"曰："君过矣，不若长安君之甚⑩。"左师公曰："父母之爱子，则为之计深远⑪。媪之送燕后也，持其踵为之泣⑫，念悲其远也，亦哀之矣。已行，

【译 文】

触龙说："我的孩子舒祺，是最小的，不成材，而如今我老了，很疼爱他，希望能让他当上一名宫中的卫士，保卫王宫，我冒着死罪来请求。"太后说："好吧。多大岁数了？"触龙回答道："十五岁了。虽然年纪小，希望趁我没有死的时候，把他托付给您。"太后问："男人也疼爱自己的小儿子吗？"触龙回答道："比妇人厉害。"太后笑着说："妇人疼爱小儿子更厉害。"触龙回答说："我私下认为您爱燕后胜过疼爱长安君。"太后说："您错了，不及爱长安君那样厉害。"触龙说："父母爱孩子，就应为他们做长远打算。您送别燕后的时候，在车下握着她的脚后跟为她哭泣，悲伤她远嫁于外，必是感到伤心啊。燕后走了后，不是不思念她，祭祀时一定

非弗思也，祭祀必祝之⑬，祝曰：'必勿使反⑭。'岂非计久长，有子孙相继为王也哉？"太后曰："然。"

为她祝福，祝告说：'一定别让她回来。'难道不是替燕后做长远打算，使她有子孙在燕国相继为王吗？"太后答道："是的。"

注 释

❶贱息：谦称自己的儿子。不肖：不贤。
❷爱怜：疼爱。
❸黑衣：宫中卫士的代称。
❹没死：犹"昧死""冒死"。旧多用作向上陈诉或奏疏中的套语。
❺敬诺：好吧。几何：多少。
❻及：趁。填沟壑：填尸于沟壑。死的婉称。
❼丈夫：男子的通称。
❽甚：超过。
❾媪：对老年妇女的尊称。燕后：指太后的女儿，嫁于燕，为燕王后。
❿过：错。不若：不及。
⓫计深远：长远打算。
⓬踵：脚后跟。
⓭祝：祷告。
⓮反：通"返"，回来。古代诸侯之女嫁到别国，只有被废或亡国，才能回到父母之国。

【原文】

左师公曰："今三世以前，至于赵之为赵①，赵主之子孙侯者，其继有在者乎②？"曰：

【译文】

触龙问道："从现在起推到三代以前，一直到赵氏建立赵国的时候，赵王的子孙封侯的，他们的后代现在还有封侯的吗？"太后回答说："没有。"触龙

"无有。"曰："微独赵③，诸侯有在者乎？"曰："老妇不闻也。""此其近者祸及身，远者及其子孙。岂人主之子侯则必不善哉④？位尊而无功，奉厚而无劳，而挟重器多也⑤。今媪尊长安君之位⑥，而封之以膏腴之地⑦，多予之重器⑧，而不及今令有功于国⑨，一旦山陵崩，长安君何以自托于赵⑩？老臣以媪为长安君计短也⑪，故以为其爱不若燕后⑫。"太后曰："诺。恣君之所使之⑬。"于是为长安君约车百乘质于齐⑭，齐兵乃出。

又问道："不仅是赵国，诸侯的子孙封侯的，他们的后代现在还有封侯的吗？"太后回答说："我没有听说过。"触龙说："这就是说他们近的本身遭祸，远的子孙遭祸。难道国君的儿子做侯的就一定都不好吗？只是他们地位尊显而没有功勋，俸禄优厚而没有劳绩，又拥有大量贵重财宝的缘故。如今您让长安君的地位很高，又赐给他肥沃的土地，多给他贵重的宝物，而不趁现在使他为国家建功，一旦您老人家百年之后，长安君靠什么在赵国立足？我以为您为长安君打算得不长远，所以认为您对长安君的爱不如对燕后爱得深。"太后说："好吧。任凭你怎样安排他。"于是为长安君准备了一百辆车，把长安君送到齐国做人质，齐国这才出兵。

注释

❶三世：三代。赵之为赵：指赵氏建立赵国的时候。赵氏本是晋国的大夫，后与韩氏、魏氏共分晋国。公元前403年，周天子封韩、赵、魏为诸侯。

❷继：指继承者。在者：在位的人。

❸微独：不仅。

❹岂：难道。人主：国君。

❺奉：通"俸"，俸禄。挟：持。重器：指贵重的宝物。

❻尊：使……尊。

❼膏腴：肥沃。

❽予：给予。

❾及今：趁现在。

⑩山陵崩：指国君死。此婉指赵太后死亡。自托：托身，立足。

⑪以：以为，认为。

⑫其爱：指对长安君的爱。

⑬恣：任凭。

⑭约车：套车。乘：四马一车为一乘。

【原文】

子义闻之①，曰："人主之子也，骨肉之亲也，犹不能恃无功之尊②，无劳之奉，而守金玉之重也，而况人臣乎？"

【译文】

子义听说了这件事，说："国君之子，是国君的亲骨肉，尚且不能依靠没有功勋而获得尊显地位，没有功劳而取得俸禄，坐拥金玉等贵重财宝，何况是人臣呢？"

注释

❶子义：赵国的贤士。

❷犹：还。恃：依靠。无功之尊：指没有功勋而获得的高位。

魏策

庞葱与太子质于邯郸(魏策二)

题 解

本篇写庞葱借用"三人成虎"的寓言故事,劝谏魏王不要相信谗言。集市本来无虎,因为讹传有虎的人多了,就信以为有虎。这个故事说明,遇事要进行调查研究,切不可以耳代目、人云亦云。文章篇幅虽短小,叙事说理却言简意赅。成语"三人成虎"即出自本篇。

【原 文】

庞葱与太子质于邯郸①,谓魏王曰:"今一人言市有虎②,王信之乎③?"王曰:"否。""二人言市有虎,王信之乎?"王曰:"寡人疑之矣。""三人言市有虎,王信之乎?"王曰:"寡人信之矣。"庞葱曰:"夫市之无虎明矣④,然而三人言而成虎。今邯郸去大梁也远于市⑤,而议臣者过于三人矣⑥。愿王察之矣!"王曰:"寡人自为知⑦。"于是辞行⑧。而谗

【译 文】

魏国大臣庞葱和太子要往赵国邯郸当人质,庞葱对魏王说:"假如有一个人说集市上有老虎,大王会相信吗?"魏王说:"不相信。"庞葱又问道:"有两个人说集市上有老虎,大王相信吗?"魏王说:"我会半信半疑。"庞葱继续说:"有三个人说集市上有老虎,大王会相信吗?"魏王说:"我会相信。"于是庞葱说:"集市上没有老虎,这是很清楚的,但是三个人说集市上有就变成真有老虎了。如今邯郸距离大梁比王宫距离集市远得多,而非议我的人又不止三个。希望大王明察!"魏王说:"我知道该怎么做。"于是庞葱就辞别上路。庞葱还在途中,毁谤他的话就已经传

言先至，后太子罢质⁹，果不得见。

到魏王耳边，后来太子回到国内，庞葱果然再也得不到魏王的召见了。

注 释

❶庞葱：一作"庞恭"。战国时魏国人。与魏太子为质于赵。质：当人质。邯郸：赵国都城。

❷市：集市。

❸之：指集市有虎这件事。

❹夫：句首语气词。明：明显。

❺大梁：魏国都城。

❻议：非议。

❼自为知：自有主张，指不轻信别人的话语。

❽辞：告别。

❾罢质：免除人质的身份。此指自赵归魏。

梁王魏婴觞诸侯于范台（魏策二）

题 解

本篇写鲁共公列举夏禹、齐桓公、晋文公、楚庄王的切身体验，说明君王贪图享乐必致亡国的道理。文章观点鲜明，中心突出，紧扣"亡国"二字加以论述，既有气势又有说服力。

【原文】

梁王魏婴觞诸侯于范台①，酒酣，请鲁君举觞②。鲁君兴③，避席择言曰④："昔者，帝女仪狄作酒而美⑤，进之禹⑥，禹饮而甘之⑦，遂疏仪狄⑧，绝旨酒⑨，曰：'后世必有以酒亡其国者⑩！'齐桓公夜半不嗛⑪，易牙乃煎熬燔炙⑫，和调五味而进之⑬，桓公食之而饱，至旦不觉⑭，曰：'后世必有以味亡其国者！'晋文公得南之威⑮，三日不听朝⑯，遂推南之威而远之⑰，曰：'后世必有以色亡其国者⑱！'楚王登

【译文】

魏王魏婴在范台请诸侯饮酒，喝得酣畅的时候，魏王向鲁共公敬酒。鲁共公站了起来，恭敬地致辞，说："从前，有个帝王的女儿仪狄酿造美酒，把酒献给夏禹，夏禹喝了觉得味道很美，于是就疏远了仪狄，戒绝了美酒，他说：'后代必有因贪喝美酒而亡国的。'齐桓公有一天半夜里觉得有点饿，易牙就煎、熬、燔、炙，烹调出各种美味送给他，齐桓公吃了以后，一觉睡到天亮还不醒，他说：'后代必有因贪吃美味而亡国的。'晋文公得到美女南威，三日都不处理朝政，于是就疏远了南威，他说：'后代必有因贪恋女色而亡国的。'楚王登上强台远望崩山的美景，左边江水滔滔，右边湖

强台而望崩山⑲，左江而右湖⑳，以临彷徨㉑，其乐忘死，遂盟强台而弗登㉒，曰：'后世必有以高台陂池亡其国者㉓！'今主君之尊㉔，仪狄之酒也；主君之味，易牙之调也㉕；左白台而右闾须㉖，南威之美也；前夹林而后兰台㉗，强台之乐也。有一于此，足以亡其国，今主君兼此四者，可无戒与㉘！"梁王称善相属㉙。

水粼粼，下临彷徨大泽，心里快乐得忘乎所以，于是在强台上发誓不再登临，他说：'后代必有因观赏美景而亡国的。'现在，您的酒杯里盛的是像仪狄造的美酒；您吃的美味像是易牙烹制的佳肴；左边有美女白台，右边有佳人闾须，都像是南威那样的美女；前面有夹林，后边有兰台，都像是楚国强台那样的游乐之地。这四种里要是有一种，就足以亡国，现在这四种您都具备了，怎能不警惕呢！"梁王听了以后，连声称赞。

注 释

❶魏婴：梁惠王。战国时魏国君。武侯之子。公元前369—前319年在位。名䓨，一作"婴"。觞：盛酒器。此指以酒招待。

❷酣：畅饮。鲁君：鲁共公。

❸兴：起立。

❹避席：古人席地而坐，离座起立，以表示敬意。

❺仪狄：帝女之名。

❻进：献。

❼甘：美。

❽疏：疏远。

❾绝：戒绝。旨酒：美酒。

❿以：因为。

⓫嗛（qiè）：通"慊"，满足，快意。

⓬易牙：狄牙。春秋时齐桓公近臣。官为雍人（主烹割之官），名巫，亦称"雍巫"。长于调味，善逢迎。

⓭五味：此指调和众味而成的美味食品。

⓮觉：醒。

⓯晋文公：春秋时晋国君。献公之子。公元前636—前628年在位。名重耳。南之威：南威，美女名。

⓰听朝：处理朝政。

⓱远之：远离。

⓲色：女色。

⓳楚王：楚昭王。春秋时楚国君。平王之子。公元前516—前489年在位。名轸，一作"珍"。强台：章华台，楚离宫名。故在今湖北潜江西南龙湾古华容城内。崩山：山名，即巫山。

⓴江：指洞庭湖。湖：指鄱阳湖。

㉑临：自上观下。彷徨：水名。

㉒盟：立誓。

㉓陂池：池沼。

㉔主君：此指梁王。尊：古代的盛酒器。

㉕调：指烹制的美味。

㉖白台、闾须：皆美女名。

㉗夹林、兰台：皆魏王游乐之处。

㉘戒：警惕，戒备。

㉙相属：接连不断。

魏王欲攻邯郸（魏策四）

题 解

本篇写季梁引用一则寓言故事劝阻魏王进攻赵国，说明魏王欲成王业而攻邯郸的举动，如同南其辕而北其辙一样，将会适得其反。辕，车舆前伸出、上置衡木等以驾马的车杠；辙，车轮在路上辗过留下的痕迹。辕向南而辙向北，比喻行动与目的相反。

【原文】

魏王欲攻邯郸①，季梁闻之②，中道而反③，衣焦不申④，头尘不浴⑤，往见王曰："今者臣来⑥，见人于大行⑦，方北面而持其驾⑧，告臣曰：'我欲之楚⑨。'臣曰：'君之楚，将奚为北面⑩？'曰：'吾马良。'臣曰：'马虽良，此非楚之路也。'曰：'吾用多⑪。'臣曰：'用虽多，此非楚之路也。'曰：'吾御者善⑫。'此数者愈善⑬，而离楚愈远耳。今王动欲成霸王⑭，

【译文】

魏王想要攻打邯郸，季梁听说这件事，半路上就返回了，衣服皱褶顾不得舒展，头上的尘土也来不及洗去，就去谒见魏王，说："今天我来的时候，在大路上碰见一个人，正驾着他的车子向北走，告诉我说：'我要到楚国去。'我说：'你到楚国，为什么往北走？'他说：'我的马好。'我说：'马虽然好，这不是往楚国去的路。'他说：'我的路费多。'我说：'路费虽然多，可这毕竟不是去楚国的路。'他说：'我的车夫技术高。'其实这几个条件越好，离楚国就越远。如今大王的举动总想成就霸王之业，想得到天下人的拥护，倚仗国家

举欲信于天下，恃王国之大，兵之精锐，而攻邯郸，以广地尊名⑮，王之动愈数⑯，而离王愈远耳，犹至楚而北行也。"

的强大，军队的精锐，就想攻打邯郸，以扩充领土，提高自己的威望，大王的行动越频繁，称王的事业就越远，这就好像要到楚国却向北走一样。"

注 释

❶魏王：魏安釐王，战国时魏国君。昭王之子。公元前276—前243年在位。名圉。邯郸：赵国的国都。

❷季梁：魏臣，生平不详。

❸中道：半路。反：通"返"，返回。

❹焦：皱褶。申：通"伸"，伸展。

❺浴：此指洗去。

❻臣：季梁自称。

❼大行：大路。

❽方：正。持：驾驭。驾：车。

❾之：往，到。

❿奚为：为什么。

⓫用：资用，费用。

⓬御者：赶车的人。

⓭此数者：指马良、用多、御者善。

⓮动：举动。霸王：霸业，王业。

⓯广：扩张。尊名：提高声望。

⓰数（shuò）：多，屡次。

秦王使人谓安陵君曰（魏策四）

题 解

本篇写唐雎奉命出使秦国，面对强秦毫不畏惧，以其坚定的信念和非凡的勇气挫败了秦王的阴谋，成功地完成了出使任务，表现了唐雎维护国土的严正立场和不畏强暴、敢于斗争的布衣精神。同时也揭露了秦王的骄横欺诈、外强中干的本质。文章情节跌宕起伏，秦王先是傲慢质问，接着以"天子之怒"恐吓，唐雎则以"布衣之怒"回应，最后拔剑而起的紧张场面将情节推向高潮，极具戏剧性。

【原文】

秦王使人谓安陵君曰①："寡人欲以五百里之地易安陵②，安陵君其许寡人③？"安陵君曰："大王加惠④，以大易小，甚善。虽然，受地于先王⑤，愿终守之，弗敢易。"秦王不说⑥。安陵君因使唐雎使于秦⑦。

【译文】

秦王派人告诉安陵君说："寡人想用五百里见方的土地换安陵，安陵君能答应我吧？"安陵君回答说："大王施予恩惠，用大地方换小地方，很好。虽然如此，但是从先王那里继承下来的土地，我愿意始终守着它，不敢把它调换。"秦王听了很不高兴。安陵君就派遣唐雎出使秦国。

注 释

❶秦王：嬴政。战国时秦国君、秦王朝的建立者。公元前247—前210年在

位。秦庄襄王之子。此时尚未称帝，故称秦王。安陵君：战国时魏国封君。一作"鄢陵君"。仅有封地五十里。

❷易：交换，调换。

❸许：答应。

❹加：施加。惠：恩惠。

❺受：承受。先王：指安陵君的先人。

❻说：通"悦"，高兴。

❼唐雎：人名。

【原文】

秦王谓唐雎曰："寡人以五百里之地易安陵，安陵君不听寡人①，何也？且秦灭韩亡魏②，而君以五十里之地存者③，以君为长者，故不错意也④。今吾以十倍之地，请广于君⑤，而君逆寡人者，轻寡人与⑥？"唐雎对曰："否，非若是也⑦。安陵君受地于先王而守之，虽千里不敢易也⑧，岂直五百里哉！"

【译文】

秦王对唐雎说："我想用五百里见方的土地换安陵，而安陵君竟不肯听从，这是为什么呢？再说，秦国已消灭韩、魏，而安陵君凭借五十里见方的土地能生存下去，是因为我把安陵君看作忠厚长者，所以才没有在意。现在我用十倍的土地给安陵君扩大领土，而他竟然拒绝我的好意，这不是轻视我吗？"唐雎回答说："不是，不像您说的这样。安陵君从先王那里承受了这块土地就要保住它，即使拿千里的土地也不敢交换，何况只是五百里呢！"

注 释

❶听：听从，依从。

❷灭韩：公元前230年，秦灭韩。亡魏：公元前225年，秦灭魏。

❸以：凭借。

❹长者：年长而有德行的人。不错意：不在意。错，通"措"，置。

❺广：扩大。

❻轻：轻视。

❼是：这样。

❽虽：即使。

【原文】

秦王怫然怒①，谓唐雎曰："公亦尝闻天子之怒乎②？"唐雎对曰："臣未尝闻也。"秦王曰："天子之怒，伏尸百万③，流血千里。"唐雎曰："大王尝闻布衣之怒乎④？"秦王曰："布衣之怒，亦免冠徒跣，以头抢地尔⑤。"唐雎曰："此庸夫之怒也⑥，非士之怒也⑦。夫专诸之刺王僚也，彗星袭月⑧；聂政之刺韩傀也，白虹贯日⑨；要离之刺庆忌也，仓鹰击于殿上⑩。此三子者，皆布衣之士也，怀怒未发，休祲降于天⑪，与臣而将四矣。若士必怒，伏尸二人，流血五步，天下缟素⑫，今日是也。"挺剑而起。

【译文】

秦王勃然大怒，对唐雎说："你也曾听说过天子发怒吗？"唐雎说："我未曾听说过。"秦王说："天子发怒，横尸百万，流血千里。"唐雎说："大王曾听说过平民发怒吗？"秦王说："平民发怒，只不过披头赤脚，用头撞地罢了。"唐雎说："这是平常人发怒的样子，不是士人发怒的样子。那专诸刺杀王僚的时候，彗星的光扫过了月亮；聂政刺杀韩傀的时候，一道白气穿过太阳；要离刺杀庆忌的时候，苍鹰飞扑到宫殿上。这三位都是平民中的侠士，他们心中蕴藏的怒气尚未发作的时候，凶兆就从天而降，加上我就将出现四位这样的勇士了。假若我真发怒了，死的将是两个人，血流五步以内，天下的人都穿白挂孝，今天就是如此。"于是唐雎拔剑而起。

注　释

❶怫（fú）然：生气的样子。

❷公：对人的敬称。尝：曾经。

❸伏尸：倒在地上的尸体。

❹布衣：麻布制的衣服。此借指平民。

❺亦：只是，不过。徒跣（xiǎn）：光着脚。抢（qiāng）：碰，撞。

❻庸夫：平常的人。

❼士：此指侠士。

❽专诸：亦作"鱄设诸"。春秋时吴国堂邑（今江苏南京市六合区北）人。吴公子光（即阖闾）欲杀吴王僚自立，伍子胥推荐他为刺客。吴王僚十二年（前515），光宴请僚，他藏匕首在鱼腹中进献，刺杀僚，自己也当场被杀。王僚：春秋时吴国国君，名僚。彗星：古称"妖星""欃枪"，"彗"有扫帚之意，故又俗称"扫帚星"。绕太阳运行的一种天体。袭月：指彗星的尾光扫过了月亮，喻专诸的精神感动了上天。这是古代一种迷信的说法。

❾聂政：战国时韩国轵（今河南济源南）人。避仇隐于屠者之间。韩烈侯时大臣严遂与相国韩傀争权结怨，严遂于烈侯三年（前397年，一作哀侯三年）使他刺死韩傀，兼伤烈侯，他亦自刎死。韩傀：战国时韩国贵族。韩烈侯时任相国。白虹贯日：大气光象的一种。古人认为人间有不平凡的行动，就会有"白虹贯日"现象。

❿要离：春秋末吴国人。相传由伍子胥推荐给吴王阖闾，谋刺在卫的公子庆忌。他请吴王断其右手，杀其妻子，伪为得罪出走。及到卫国，又假意向庆忌献破吴之策，谋求亲近。当同舟渡江时，他刺死庆忌，自己亦自杀。庆忌：春秋时吴王僚之子。一称王子庆忌，有勇力。仓鹰：苍鹰。

⓫休祲：偏义词，侧重"祲"，指不吉之兆。

⓬缟素：白色丝织品。此指丧服。

【原文】

秦王色挠,长跪而谢之曰①:"先生坐,何至于此!寡人谕矣②。夫韩、魏灭亡,而安陵以五十里之地存者,徒以有先生也③。"

【译文】

秦王吓得变了脸色,慌忙挺直腰板,向唐雎道歉说:"先生请坐,哪里要到这样地步!我已经明白了。韩、魏两国灭亡了,而安陵却能凭着五十里地的小地方得以幸存,正是因为有先生这样的人在。"

注释

❶色挠:面露胆怯之色。长跪:直身而跪。古时席地而坐,坐时两膝着地,以臀部着足跟。长跪则伸直腰股,以示庄重。谢:道歉。

❷谕:通"喻",明白,知道。

❸以:前一"以",凭借;后一"以",因为。

韩策

申子请仕其从兄官（韩策一）

题解

本篇写申不害为堂兄求官的故事。申不害平日教导昭侯要按功授职，自己却任人唯亲，韩昭侯便"以子之矛，攻子之盾"，揭露他言行不一，使其认识到错误。本文言简意赅，从中我们能得到有益的启示。

【原文】

申子请仕其从兄官①，昭侯不许也②，申子有怨色。昭侯曰："非所学于子者也③。听子之谒而废子之道乎④？又亡其行子之术而废子之谒乎⑤？子尝教寡人，循功劳，视次第⑥。今有所求，此我将奚听乎⑦？"申子乃辟舍请罪曰："君真其人也！"

【译文】

申不害请求封自己的堂兄一个官职，韩昭侯不同意，申不害脸有怨色。韩昭侯说："这不像是我从您那儿学到的主张。您是让我答应您的请求而废弃您的执法主张呢？还是推行您的主张而拒绝您的请求呢？您曾经教我，根据功劳大小授奖，根据能力的强弱任官。现在您要为堂兄求官，您将让我听从哪一个呢？"申不害离席请罪，说："您真是个人们理想中的好国君啊！"

注释

❶申子：申不害。战国时思想家，法家主要代表之一。仕：做官。从兄：叔伯兄弟，堂兄。

❷昭侯：韩国国君，韩懿侯之子，公元前363—前333年在位。

❸子：对对方的敬称。

❹谒：请求。道：学说。

❺术：学说。

❻循：依循，按照。次第：次序。此指能力的大小。

❼奚：何。

韩傀相韩（韩策二）

题 解

本篇写聂政为严遂报仇，刺杀韩相韩傀的故事。聂政重诺轻生，是一个勇敢、重情义、有担当的侠士。为了报答严遂的知遇之恩，不惜牺牲自己的生命去刺杀韩傀，展现了战国时期游侠的精神风貌和价值观。他们重义气、轻生死，为了朋友道义甘愿献身，这种精神在当时的社会背景下具有一定的代表性。从文学角度来看，文章通过生动的描写和精彩的情节，塑造了鲜明的人物形象，具有较高的文学价值。同时，文章也为后人了解战国时期的历史和社会提供了重要的参考资料。

【原文】

韩傀相韩①，严遂重于君②，二人相害也。严遂政议直指，举韩傀之过③。韩傀叱之于朝④，严遂拔剑趋之⑤，以救解。于是严遂惧诛⑥，亡去游，求人可以报韩傀者⑦。

【译文】

韩傀在韩国做国相，严遂也受到国君的器重，二人却相互攻击。有一次，严遂公开地严正批评韩傀，斥责他的错误。因此韩傀就在朝廷上怒斥严遂，严遂就拔出剑来直奔韩傀，由于别人的劝阻，这场争斗才得以化解。此后，严遂害怕被韩傀杀害，就逃离了韩国，到处寻求可以向韩傀报仇的人。

注 释

❶韩傀：战国时韩国贵族。韩烈侯时任相国。

❷严遂：战国时韩国大臣。字仲子，卫国濮阳（今河南濮阳西南）人。

❸政议：严正批评。议，非议。直指：直接指出，毫不回避。举：指摘，斥责。

❹叱：大声责骂。

❺趋：快跑。

❻诛：诛杀。

❼亡：逃。报：指报仇。

【原文】

至齐，齐人或言①："轵深井里聂政②，勇敢士也。避仇隐于屠者之间③。"严遂阴交于聂政④，以意厚之⑤。聂政问曰："子欲安用我乎⑥？"严遂曰："吾得为役之日浅⑦，事今薄⑧，奚敢有请⑨？"于是严遂乃具酒觞⑩，聂政母前⑪。仲子奉黄金百镒⑫，前为聂政母寿⑬。聂政惊，愈怪其厚⑭，固谢严仲子⑮。仲子固进⑯，而聂政谢曰："臣有老母，家贫⑰，客游以为狗屠⑱，可旦夕得甘脆以养亲⑲。亲供养备⑳，义不敢当仲子之赐㉑。"严仲子辟人㉒，因为聂政语曰㉓："臣有仇㉔，而行游诸侯众矣。然至

【译文】

韩遂到了齐国，听到齐国有人说："轵县深井里的聂政，是位勇士。为躲避仇人而混迹屠户之中。"于是严遂暗地结交聂政，有意识地厚待他。聂政问道："您有什么用到我的地方吗？"严遂说："我为你效劳的日子很短，为你做的事也微不足道，我怎敢对你有所求呢？"于是严遂就备办酒席，向聂政的母亲敬酒。严遂献上黄金百镒，走上前去，为聂母祝福。聂政吃了一惊，对严遂的厚待更加感到奇怪，就坚决辞谢严遂的厚礼。严遂执意要赠送，聂政就推辞说："我有个老母需要赡养，而家道贫寒，只得在外谋生，以屠狗为业，一早一晚都能得些美味来奉养母亲。现在供养母亲的东西很齐全，照理说，我是不敢接受您这份厚礼的。"这时，严遂让别人回避，就对聂政说："我有仇人，出逃在外，到过好几个国家。来到齐

齐，闻足下义甚高㉕。故直进百金者㉖，特以为大人粗粝之费㉗，以交足下之欢，岂敢以有求邪？"聂政曰："臣所以降志辱身，居市井者㉘，徒幸而养老母㉙。老母在，政身未敢以许人也。"严仲子固让，聂政竟不肯受㉚。然仲子卒备宾主之礼而去。

国，听说你很讲道义。我之所以特地送上百金，只不过将它作为老人的粗茶淡饭的费用，来同你交一个朋友，怎么敢因为这点礼物而有所求呢？"聂政说："我之所以降低自己的人生追求，辱没自己做个市井屠夫，只是为了奉养老母。有老母在，我的生命不能轻许他人。"严遂一再推让，聂政终究不肯收下。不过，严遂最后还是尽了宾主之礼才离开。

注 释

❶或：有人。

❷轵（zhǐ）：地名。深井里：轵县中的里名。

❸屠者：屠宰牲畜的人。

❹阴：暗地。

❺厚：厚待。

❻安：哪里。

❼为役：服役。

❽薄：不厚，少。

❾奚：怎么。

❿具：备办。觞：古代盛酒器。此指敬酒。

⓫聂政母前：指走到聂政母面前。

⓬奉：敬献。镒（yì）：古代重量单位，二十两或二十四两为一镒。

⓭寿：祝寿。此指以财物赠人并表示祝福。

⓮怪：奇怪。

⓯固：坚决。谢：辞谢。

⓰进：进献，赠送。

⓱贫：贫困。

⑱客游：在外远游。

⑲甘脆：美味的食品。

⑳备：完备。

㉑义：道义。当：承当，承受。

㉒辟：回避。

㉓因：就。

㉔仇：仇人。

㉕足下：敬辞。古代下称上或同辈相称都用"足下"。

㉖直：特地，特意。

㉗大人：指聂政母。粗粝：糙米。此指粗劣的饮食。

㉘降志辱身：降低自己的志向，屈辱自己的身份。市井：市场，集市。

㉙徒：仅。幸：希冀。

㉚竟：终。

【原文】

久之，聂政母死，既葬，除服①。聂政曰："嗟乎②！政乃市井之人③，鼓刀以屠④，而严仲子乃诸侯之卿相也⑤，不远千里，枉车骑而交臣⑥，臣之所以待之，至浅鲜矣⑦，未有大功可以称者⑧。而严仲子举百金为亲寿⑨，我虽不受，然是深知政也。夫贤者以感忿睚眦之意⑩，而亲信穷僻之人⑪，而政独安可嘿然而止乎⑫？且前日要政⑬，政徒以老母⑭。老母今以天年

【译文】

过了许久，聂政的母亲死了，安葬完毕，聂政守孝期也满了。聂政感叹地说："我不过是个街市上的百姓，舞弄刀子杀狗，严遂是一国的卿相，不远千里，屈尊来访，同我结交，而我待他的情谊十分浅薄，没有立下与人家的情谊相称的功劳。严遂却送上百金为老母祝福，我虽然没有接受，可这表明他对我是十分赏识。一个贤明的人为申冤报仇，而来亲近我这个穷乡僻壤的人，我怎能默不作声就算完了呢？况且他前次请我，我只是因为有老母健在而不能去。现在老母去

终⑮，政将为知己者用⑯。" 世了，我要为知己者效劳。"

注 释

❶除服：旧指守孝期满，脱去丧服。

❷嗟乎：叹息声。

❸乃：是，仅是。

❹鼓刀以屠：指宰杀牲畜。

❺卿相：执政大臣。

❻枉车骑：此指屈尊相访。

❼浅鲜：微薄。

❽称：相称。

❾举：捧。

❿感忿：感慨，愤懑。睚眦（yázì）：瞪眼睛，怒目而视。引申为小怨小忿。眦，上下眼睑交接处。

⓫亲信：亲近，信赖。

⓬独：岂，难道。嘿然：默然。

⓭前日：从前。

⓮徒：只，仅。以：因为。

⓯以天年终：指正常死亡。

⓰用：使用，效劳。

【原 文】

遂西至濮阳，见严仲子曰："前所以不许仲子者①，徒以亲在②。今亲不幸，仲子所欲报仇者为谁？请得从事焉。"严仲子

【译 文】

聂政西行到了濮阳，见到严遂说："以前我没有应允，只是因为老母健在。如今母亲去世了，您的仇人是谁呢？"严遂就把事情全都告诉了他，说："我的仇人是韩国的国相韩傀。韩

具告曰③："臣之仇，韩相傀。傀又韩君之季父也④，宗族盛，兵卫设⑤，臣使人刺之，终莫能就⑥。今足下幸而不弃，请益车骑壮士以为羽翼⑦。"政曰："韩与卫中间相去不远⑧，今杀人之相，相又国君之亲，此其势不可以多人⑨。多人不能无生得失⑩，生得失则语泄⑪，语泄则韩举国而与仲子为雠也⑫，岂不殆哉⑬！"遂谢车骑人徒⑭，辞⑮，独行仗剑至韩。

傀又是韩国国君的叔父，他的家族势力很大，住处卫士也很多，我虽派人刺杀过他，都没有能够成功。现在有幸得到您的支持，我要多为您准备勇士以做您的助手。"聂政说："韩国和卫国相隔不远，如今要杀人家的国相，而国相又是国君的亲属，在这种情势下，不可以用很多人。人多不可能不出差错，出了差错就会泄露秘密，一旦泄密则韩国上下就会同您结仇了，这岂不是更加危险了吗？"聂政就谢绝了车马随从，告别严遂，独自一人仗剑前往韩国。

注 释

❶许：应允，许诺。

❷亲：指母亲。

❸具：全。

❹季父：叔父。

❺设：安置。

❻就：完成，成功。

❼车骑：车马。羽翼：辅佐的人。

❽中间：间隔。

❾势：情势。

❿得失：偏义词，侧重"失"。

⓫语泄：指泄露秘密。

⓬雠：今作"仇"。

⓭殆：危险。

⓮人徒：指随从人员。
⓯辞：辞别。

【原文】

韩适有东孟之会①，韩王及相皆在焉②，持兵戟而卫者甚众③。聂政直入，上阶刺韩傀。韩傀走而抱烈侯④，聂政刺之⑤，兼中哀侯⑥。左右大乱⑦，聂政大呼，所杀者数十人。因自皮面抉眼⑧，自屠出肠⑨，遂以死。

【译文】

正巧韩国在东孟举行诸侯间的会议，韩王和国相都在场，手持武器的保卫人员很多。聂政径直闯进去，冲上台阶就去刺韩傀。韩傀惊惶地跑到烈侯的身边抱住烈侯，聂政刺死了韩傀，连烈侯也被刺中了。韩王左右的人一片混乱，聂政大声呼喊，杀死了数十人，接着用刀子毁了容，挖出眼珠，剖开肚子，挑出肠子，当场死去。

注释

❶适：恰逢。东孟：韩邑名，即酸枣，在今河南延津西南。会：诸侯间不定期的会议。

❷韩王：韩烈侯，战国时赵国君。献侯之子。公元前408—前387年在位。名籍。

❸兵戟：兵器。

❹走：跑。

❺刺：此指刺死。

❻中：此指刺中。

❼左右：在旁侍候的人，近侍。

❽皮：剥皮。抉眼：挖出眼珠。

❾屠：此指剖腹。

【原文】

韩取聂政尸暴于市①，县购之千金②，久之莫知谁子③。政姊闻之曰④："弟至贤⑤。不可爱妾之躯⑥，灭吾弟之名。非弟意也⑦。"乃之韩⑧，视之曰："勇哉，气矜之隆⑨！是其轶贲、育而高成荆矣⑩。今死而无名⑪，父母既殁矣⑫，兄弟无有，此为我故也⑬。夫爱身不扬弟之名⑭，吾不忍也。"乃抱尸而哭之曰："此吾弟轵深井里聂政也。"亦自杀于尸下。

【译文】

韩国把聂政的尸体放在街市上，悬赏千金招募能辨认尸体的人，过了很久，没有人能认出他是什么人。聂政的姐姐听说了这件事说："我的弟弟真是太好了。我不能为了爱惜自己而埋没我弟弟的名声。虽然我知道去认尸，不是我弟弟的本意。"于是她就前往韩国，看着聂政的尸体说："勇敢啊，气势多么豪迈！勇气超过孟贲、夏育，胜过成荆了。如今他死了而不愿扬名，父母已经去世，又没有兄弟，他这样做是怕连累我的缘故。如果我顾惜自己不去显扬弟弟的名声，我是不忍这样做啊！"她就抱着尸体而哭，说："这是我的弟弟，轵县深井里的聂政。"说完也自杀在聂政尸体旁。

注 释

❶暴：暴露，陈放。

❷县：悬赏。

❸莫：没有人。

❹姊：姐姐。

❺贤：贤明，有才德。

❻妾：古代妇女自称的谦辞。躯：身躯。

❼非弟意：指认尸是出于己意。

❽之：往，到。

❾气矜：犹"气势"。隆：盛，壮烈。

❿轶（yì）：超越。贲、育：指战国时勇士孟贲和夏育。高：超过。成荆：春

秋时的勇士。

⑪无名：指不扬名于世。

⑫殁：死。

⑬故：缘故。

⑭爱：吝惜，舍不得。

【原　文】

晋、楚、齐、卫闻之曰："非独政之能①，乃其姊者亦列女也②。"聂政之所以名施于后世者③，其姊不避菹醢之诛以扬其名也④。

【译　文】

晋、楚、齐、卫等国听说了这件事，说："不仅聂政这么勇敢，而且他的姐姐也是一位重义轻生的女子啊！"聂政能留名后世，是他的姐姐不怕粉身碎骨而为弟弟扬名的缘故。

注　释

❶能：贤能。此指勇敢。

❷列女：重义轻生的女子。

❸施：显扬。

❹菹醢（zūhǎi）：古代酷刑，把人剁成肉酱。

燕策

燕昭王收破燕后即位（燕策一）

题 解

本篇写燕昭王即位后，听取谏言，礼贤下士，励精图治，最后雪耻复仇的故事。昭王向谋士郭隗请教如何招募贤才、报仇雪耻，郭隗向他陈述了古代国君求贤的各种做法及其不同效果，说明求贤者的态度愈恭敬谦虚，愈能得到杰出人才。当昭王询问应先拜谒哪位贤者时，他又以古代国君"千金买骨"的故事为喻，提出招募人才"先从隗始"的具体建议。天下名贤纷纷前来。经过二十八年的努力，燕昭王终于如愿以偿，报仇雪耻。文章用排比句式讲述"古服道致士之法"，一句一意，极具说服力。"千金买骨"的故事巧妙动听，深入浅出地说明了国君知人善任的重要性。

【原 文】

燕昭王收破燕后即位①，卑身厚币②，以招贤者③，欲将以报仇。故往见郭隗先生④，曰："齐因孤国之乱⑤，而袭破燕。孤极知燕小力少，不足以报⑥。然得贤士与共国⑦，以雪先王之耻⑧，孤之愿也。敢问以国报仇者奈何⑨？"

【译 文】

燕昭王收拾残破的燕国后登上王位，他谦卑有礼，用丰厚的礼物招聘贤才，打算依靠他们为国报仇。于是，他去见郭隗先生，说："齐国趁我国的内乱攻破了燕国。我深知我国国小力弱，难以报仇。然而如能得到贤士与我一同治理国家，为先王报仇雪恨，这是我的愿望。请问要为国报仇，该怎么办？"

注 释

① 燕昭王：战国时燕国君。燕王哙庶子。公元前311—前279年在位。名职。收：收拾。破燕：残破的燕国。

② 厚币：丰厚的礼物。

③ 招：招聘。

④ 郭隗（wěi）：战国时燕国人。

⑤ 孤：国君自称的谦辞。

⑥ 报：指报仇。

⑦ 共国：共治国政。

⑧ 先王：指燕王哙。

⑨ 奈何：怎么办。

【原文】

郭隗先生对曰："帝者与师处，王者与友处，霸者与臣处，亡国与役处①。诎指而事之，北面而受学②，则百己者至③。先趋而后息，先问而后嘿④，则什己者至⑤。人趋己趋，则若己者至⑥。冯几据杖，眄视指使⑦，则厮役之人至⑧。若恣睢奋击，呴籍叱咄⑨，则徒隶之人至矣⑩。此古服道致士之法

【译文】

郭隗先生回答说："成就帝业的国君把贤者当成老师来对待，成就王业的国君把贤者当成朋友来对待，成就霸业的国君把贤者当成大臣来对待，国将灭亡的国君把贤者当成仆役来对待。如果国君礼贤下士，虚心尊贤者为师，恭恭敬敬地接受贤者的教诲，那么胜过自己百倍的人就会来了。如果国君做事在前而休息在后，发问在前而沉默在后，那么胜过自己十倍的人就会来了。如果人家怎么做，自己就怎么做，那么同自己能力差不多的人就会来了。如果国君倚着几案，拄着拐杖，指手画脚，不正眼看人，那么跑腿当差的人就来了。如果国君暴虐蛮横，对人任意羞辱，大声训斥，那么就只有刑徒、奴隶来了。这些都是古代侍奉贤

也⑪。王诚博选国中之贤者，而朝其门下⑫，天下闻王朝其贤臣，天下之士必趋于燕矣。"

者、罗致人才应当遵循的方法。大王果真能广泛地选拔国内贤人，就该亲自登门拜访，天下的人听说燕王去拜访贤人，天下的贤人一定会跑到燕国来了。"

注释

❶役：仆役。

❷诎：曲意顺从。北面：面朝北。古代学生敬师之礼。古时受业，老师坐正位，面朝南，弟子面北受学，表示尊敬。

❸百己：百倍于己。

❹趋：奔走，奔忙。嘿：通"默"。

❺什：十倍。

❻若：如。

❼冯：通"凭"，凭靠。据：拄。眄（miǎn）视：斜眼看，不正眼看人。指使：用手指示意别人去做事。

❽厮役：指服劳役供使唤的人。

❾恣睢：放纵、暴戾貌。奋击：此指行为粗暴野蛮。呴籍：凌辱。叱咄（chìduō）：大声呵斥。

❿徒隶：刑徒和奴隶。

⓫服：侍奉。道：有道者，贤者。致：招致。

⓬朝：谒见，拜访。

【原文】

昭王曰："寡人将谁朝而可①？"郭隗先生曰："臣闻古之人君，有以千金求千里马

【译文】

燕昭王问道："我先去拜访谁才好呢？"郭隗先生说："我听说古代有一位国君，想要用千金购求千里马，过了三年，还没有买到。有个侍从就向国君

者②，三年不能得。涓人言于君曰③：'请求之。'君遣之。三月得千里马，马已死，买其首五百金，反以报君④。君大怒曰：'所求者生马⑤，安事死马而捐五百金⑥？'涓人对曰：'死马且买之五百金⑦，况生马乎？天下必以王为能市马⑧，马今至矣。'于是不能期年⑨，千里之马至者三。今王诚欲致士⑩，先从隗始。隗且见事⑪，况贤于隗者乎？岂远千里哉⑫？"

说：'请您让我去买吧。'国君就派遣他去了。花了三个月找到了千里马，可惜马已经死了，他就用五百金买了个千里马的头，回来后把这件事报告了国君。国君大怒道：'我要买的是活马，怎么用得着花费五百金买死马呢？'这个侍从回答说：'死马尚且花五百金买它，何况是活马呢？天下的人必定认为大王肯出高价买马，千里马很快就要来了。'于是不到一年，就有三匹千里马送上门来。如今大王真想要罗致人材，那就先从我开始吧。我郭隗尚且被重用，何况超过我的人呢？难道他们会嫌燕国路远而不来吗？"

注释

❶可：恰当。

❷人君：国君。求：购求。

❸涓人：官名。宫内近侍。战国始置。一说指太监。

❹反：通"返"。

❺生马：活马。

❻安：何。捐：舍弃。

❼且：尚且。

❽市：买。

❾期（jī）年：一整年。

❿诚：果真。

⑪见事：指被任用。

⑫远千里：以千里为远。

【原文】

于是昭王为隗筑宫而师之①。乐毅自魏往②,邹衍自齐往③,剧辛自赵往④,士争凑燕⑤。燕王吊死问生⑥,与百姓同其甘苦。二十八年,燕国殷富,士卒乐佚轻战⑦。于是遂以乐毅为上将军,与秦、三晋合谋以伐齐⑧。齐兵败,闵王出走于外⑨。燕兵独追北入至临淄⑩,尽取齐宝,烧其宫室宗庙⑪。齐城之不下者,唯独莒、即墨。

【译文】

于是燕昭王为郭隗建造府第,拜他为师。接着,乐毅从魏国来,邹衍从齐国来,剧辛从赵国来,有才能的人争相奔赴燕国。燕王祭奠死者,又慰问活着的人,与百姓同甘共苦。经过二十八年,燕国殷实富裕,士兵安乐闲适,愿意为国而战。于是就封乐毅为上将军,与秦、韩、赵、魏等国共同谋划讨伐齐国。齐国大败,齐闵王出逃在外。燕军单独追击败逃的齐兵,攻入临淄,把齐国的宝物尽数搬回,烧毁齐国的宫室宗庙。齐国城邑没有攻下的,只有莒和即墨二城。

注释

❶筑宫:建造府第。

❷乐毅:战国时燕将。中山国灵寿(今河北平山东北)人。魏将乐羊后裔。燕昭王二十八年(前284),以上将军身份率五国联军击破齐国,先后攻下七十余城。

❸邹衍:战国末思想家,阴阳家的代表人物。

❹剧辛:战国时燕将。原为赵人,燕昭王招徕贤者,他由赵入燕,曾为昭王之臣。

❺凑:接近,奔向。

❻吊:吊唁。

❼乐佚:悠闲,安乐。

❽三晋:指韩、赵、魏三国。

❾闵王:齐闵王。乐毅破齐后,闵王出逃莒国,不久被杀。

❿北:指败逃者。临淄:齐国都城。在今山东淄博东北齐都镇。

⓫宗庙:古代天子、诸侯祭祀祖先的地方。

苏秦为燕说齐（燕策二）

题解

本篇写苏秦借用伯乐相马的故事，请求淳于髡向齐王引荐自己。故事生动，比喻贴切。后世常用"伯乐一顾"比喻受名人赏识而身价大增。

【原文】

苏秦为燕说齐①，未见齐王，先说淳于髡曰②："人有卖骏马者，比三旦立市③，人莫之知。往见伯乐曰④：'臣有骏马，欲卖之，比三旦立于市，人莫与言，愿子还而视之，去而顾之⑤，臣请献一朝之费⑥。'伯乐乃还而视之，去而顾之，一旦而马价十倍。今臣欲以骏马见于王⑦，莫为臣先后者⑧，足下有意为臣伯乐乎⑨？臣请献白璧一双⑩、黄金十镒，以为马食。"淳于髡曰："谨闻命矣⑪。"入言之王而见

【译文】

苏秦为燕国去游说齐王，在未见齐王时，苏秦先对淳于髡说："有个人想卖掉一匹骏马，接连三个早晨站在集市上，没有人认出那是一匹骏马。于是，他就去见伯乐，说：'我有一匹骏马，想卖掉它，可是在集市上站了三个早晨，连问价格的人都没有，希望您到集市上围着我的马转一圈仔细瞧瞧，离开时再回头看看我的骏马，我愿意付给您一天的劳务费。'于是伯乐就到了集市上，围着马转了一圈仔细瞧了瞧，临走又回过头来看了看，这匹马的价格一下子就涨了十倍。现在我想以'骏马'的身份自荐，去拜见齐王，可是没有人帮忙先为我介绍介绍，您有意做我的伯乐吗？我愿意献给您白璧一双、黄金十镒，作为您的酬金。"淳于髡说："愿遵命。"淳于髡于是就进宫把苏秦的情况告诉了齐王，齐

之⑫，齐王大说苏子⑬。 | 王接见了苏秦，并且很器重他。

注 释

❶ 说（shuì）：劝说。

❷ 淳于髡（kūn）：战国时齐国人。姓淳于，曾受髡刑（截去头发），因称"淳于髡"。以博学强记著称。

❸ 比：连续。旦：早晨。市：集市。

❹ 伯乐：春秋末赵简子臣。字子良，号伯乐。善御马，又善相马。

❺ 还：环绕，围绕。顾：回头看。

❻ 一朝：指一天。

❼ 骏马：此指苏秦自己。

❽ 先后：指奔走于前后，相助。

❾ 足下：敬辞。古代下称上或同辈相称都用"足下"。

❿ 璧：古玉器名。也有用琉璃制的。平圆形，正中有孔。古代贵族朝聘、祭祀、丧葬时所用的礼器，亦作装饰品。

⓫ 谨：敬辞。闻命：犹言"遵命"。

⓬ 见：接见。之：指苏秦。

⓭ 说：通"悦"。苏子：此指苏秦。

昌国君乐毅为燕昭王合五国之兵而攻齐（燕策二）

题 解

公元前284年，乐毅为燕伐齐，大破齐军，攻克七十余城。燕惠王即位后，中齐反间计，撤换乐毅。乐毅鉴于历史上杀功臣的教训，不得已逃到赵国。燕惠王担心赵国用乐毅伐燕，就派人去责备乐毅忘先王之恩，于是乐毅写了一封长信作答。信中乐毅反驳了惠王的指责，表达了自己忠心为燕的心迹。文章通过乐毅攻齐以及后续的一系列事件，呈现了战国时期各国之间复杂的政治军事斗争，同时也刻画了乐毅这一有勇有谋、忠诚重义的将领形象，还体现了乐毅在面对君主的误解和猜忌时，以大局为重、委婉陈情的智慧和胸怀。

【原文】

昌国君乐毅为燕昭王合五国之兵而攻齐①，下七十余城②，尽郡县之以属燕，三城未下而燕昭王死③。惠王即位④，用齐人反间⑤，疑乐毅，而使骑劫代之将⑥。乐毅奔赵⑦，赵封以为望诸君⑧。齐田单欺诈骑劫⑨，卒败燕军⑩，复收七十城以复齐⑪。燕王悔，惧赵用乐毅承燕之弊以伐燕⑫。

【译文】

昌国君乐毅为燕昭王联合五国的军队攻打齐国，攻下七十余座城邑，把这些城邑全部划成燕国的郡县，只剩下三座城没有攻下，燕昭王就死了。燕惠王即位，听信了齐国人的反间计，怀疑乐毅，就派骑劫代替乐毅为将。乐毅逃到了赵国，赵王封他为望诸君。齐将田单用计欺骗了骑劫，终于打败燕军，并收复七十余座城邑，光复了齐国。燕惠王很后悔，害怕赵国任用乐毅趁燕国疲弊的时候来进攻燕国。

注 释

❶五国：指秦、韩、赵、魏、燕。

❷下：攻下。

❸三城：一说"二城"。

❹惠王：战国时燕国君。昭王之子。公元前279—前272年在位。名失传。

❺反间：利用敌方的间谍使敌方获取虚假情报。

❻骑劫：燕将。

❼奔：逃。

❽赵封以为望诸君：燕惠王即位，中齐反间计，改用骑劫为将，乐毅被迫出奔赵国，被封于观津（今河北武邑东南），号"望诸君"。

❾齐田单欺诈骑劫：公元前279年，燕惠王即位，改用骑劫为将。田单派人向燕军诈降，麻痹燕军；又用牛千余头，角上缚兵刃，尾上缚苇灌油，夜间以火点燃，使猛冲燕军，并以五千勇士随后冲杀，大败燕军，杀死骑劫。田单乘胜陆续收复所失七十余城。

❿卒：终于。

⓫复齐：光复齐国。

⓬弊：疲弊。

【原文】

燕王乃使人让乐毅①，且谢之曰："先王举国而委将军②，将军为燕破齐，报先王之雠③，天下莫不振动。寡人岂敢一日而忘将军之功哉！会先王弃群臣④，寡人新即位，左右误寡人⑤。寡人之使骑劫代将军者，为将军久

【译文】

燕惠王就派人来责备乐毅，又委婉地说："先王将整个国家托付给您，您为燕国打败了齐国，为先王报了仇，各国无不为之震动。我怎敢有一天忘记您的功劳呢！适逢先王去世，我刚即位，身边的大臣迷惑了我。我派骑劫代替您，因您长久在外辛苦奔走，所以让您回国休

暴露于外⑥，故召将军且休计事⑦。将军过听⑧，以与寡人有郤⑨，遂捐燕而归赵⑩。将军自为计则可矣，而亦何以报先王之所以遇将军之意乎？"

息并商议国事。可是您却误听了别人的话，因而和我有了隔阂，就抛弃燕国而跑到赵国。将军若是为自己打算倒也未尝不可，不过您拿什么去报答先王礼遇将军的情意呢？"

注 释

① 让：责备。
② 先王：指惠王之父昭王。委：托付。
③ 雠：今作"仇"。
④ 会：适逢。弃群臣：去世的婉辞。
⑤ 误：迷惑。
⑥ 暴露：指在外奔走。
⑦ 故：所以。计事：指商议国事。
⑧ 过：错。
⑨ 郤：通"隙"，嫌隙。
⑩ 捐：弃。

【原文】

望诸君乃使人献书报燕王①，曰："臣不佞②，不能奉承先王之教③，以顺左右之心④，恐抵斧质之罪⑤，以伤先王之明⑥，而又害于足下之义，故遁逃奔赵⑦。自以负不肖之罪⑧，故不敢为辞说。今王使使者数之罪⑨，臣恐

【译文】

乐毅就派人呈送燕王一封书信，信上说："我没有才德，不能遵行先王的教诲来顺从您的心愿，我担心触犯杀身之罪，损害了先王用人之明，又陷您于不义，所以我才逃到赵国。我自己背着不贤的罪名，因此不敢为自己辩解。如今大王派遣使者数落我的罪过，我担心您身边

侍御者之不察先王之所以畜幸臣之理⑩,而又不白于臣之所以事先王之心⑪,故敢以书对⑫。

的人不了解先王信任我的道理,又不了解我侍奉先王的心意,所以才冒昧地用书信作答。

注 释

❶书:信。报:复。
❷不佞:犹言"不贤"。
❸奉承:遵行。
❹左右:指在旁侍候的人,实指燕王。
❺斧质:古代杀人的工具。此指处死刑。质,通"锧",古代杀人所用的椹垫。
❻伤:损害。
❼遁:逃。
❽负:背。不肖:不贤。
❾数(shǔ):列举。
❿侍御者:指燕王所使用的人,实指燕王。畜幸:谓宠幸重用。
⓫白:明,了解。事:侍奉。
⓬对:回答。

【原文】

"臣闻贤圣之君①,不以禄私其亲②,功多者授之;不以官随其爱③,能当者处之④。故察能而授官者⑤,成功之君也;论行而结交者⑥,立名之士也。臣以所学者观

【译文】

"我听说贤明的国君,不拿俸禄私自给予他亲近的人,而是把俸禄授给有功的人;不随便拿官职送给他所喜欢的人,而是让称职的人居其位。所以说,考察一个人能力大小而授予相应的官职的国君,才是能成功的国君;根据人的品行来结交朋友的人,才是能建立功名

之，先王之举错有高世之心⑦，故假节于魏王⑧，而以身得察于燕⑨。先王过举⑩，擢之乎宾客之中⑪，而立之乎群臣之上⑫，不谋于父兄⑬，而使臣为亚卿⑭。臣自以为奉令承教⑮，可以幸无罪矣⑯，故受命而不辞⑰。

的人。我根据所学的知识来观察，先王有高出当世之人的见识，因此我借着为魏王出使的机会来到燕国，使自己得以为先王知晓。先王破格重用我，把我从宾客中提拔起来，让我位居群臣之上，不同近臣贵戚商议，就任命我为亚卿。我自己认为接受先王的命令和教诲，就可以免受处罚，所以接受任命而没有推辞。

注释

❶ 闻：听说。

❷ 禄：俸禄。私：偏私。此指私自给与。

❸ 随：此指随便给与。

❹ 当：相称。

❺ 察：观察。

❻ 结交：交友。

❼ 举错：措施。高世：指高于世上一般君主。

❽ 假：借。节：符节。古代派遣使者或调兵时用作凭证之物。用竹、木、玉或金、铜等制成，刻上文字，分成两半，一半存朝廷，一半给外任官员或出征将帅。

❾ 察：知道，了解。

❿ 过举：破格任用。

⓫ 擢：提升，选拔。

⓬ 乎：于，在。

⓭ 父兄：指同姓的大臣。当时国有大事，国君要与同姓大臣商量。

⓮ 亚卿：周制，卿分上、中、下三级，次者为中卿，又称亚卿。

⓯ 承教：接受教诲。

⓰ 幸：侥幸。

㉑宁台：燕台名。
㉒蓟丘：燕国都城蓟城的标志性地方，在今北京城西德胜门外西北隅。汶：水名，即今山东省境内大汶河。篁：通"篁"，竹园。
㉓五伯：五霸，春秋时称霸的五个诸侯，一说为齐桓公、晋文公、宋襄公、秦穆公、楚庄王。
㉔愜：满足。
㉕顿命：辱没使命。
㉖裂地：分地。
㉗比：相等，并列。

【原文】

"臣闻贤明之君，功立而不废，故著于春秋①；蚤知之士，名成而不毁②，故称于后世③。若先王之报怨雪耻，夷万乘之强国④，收八百岁之蓄积⑤，及至弃群臣之日⑥，余令诏后嗣之遗义⑦，执政任事之臣，所以能循法令，顺庶孽者⑧，施及萌隶⑨，皆可以教于后世。

【译文】

"我听说贤明的国君，建立功勋后不会半途而废，所以能载入史册；有先见之明的人，功成名就后就善于保持，所以能扬名于后世。像燕昭王这样报仇雪恨，削平了拥有万辆兵车的强国，收取了齐国建国以来积聚的财宝，在昭王逝世后，他的影响继续存在，执政大臣遵循法令，谨慎地处理嫡庶关系，施惠于百姓，先王的这些功绩都可垂范后世。

注 释

❶春秋：指史书。
❷蚤知：先知。蚤，通"早"。毁：毁损。
❸称：扬名。
❹夷：削平。

❺八百岁：指齐从建国以来至公元前284年乐毅破齐约八百年。蓄积：指财宝。

❻弃群臣：去世的婉辞。

❼余令：遗教，遗命。后嗣：后代子孙。遗义：流传下来的政策法令。义，通"仪"，法度。

❽循：遵循。顺：通"慎"，谨慎。庶孽：庶子，太子以外的诸子。

❾施：施恩。萌隶：此指百姓。

【原文】

"臣闻善作者不必善成①，善始者不必善终②。昔者伍子胥说听乎阖闾③，故吴王远迹至于郢④。夫差弗是也⑤，赐之鸱夷而浮之江⑥。故吴王夫差不悟先论之可以立功⑦，故沉子胥而不悔⑧；子胥不蚤见主之不同量⑨，故入江而不改。夫免身全功以明先王之迹者⑩，臣之上计也；离毁辱之非，堕先王之名者⑪，臣之所大恐也。临不测之罪，以幸为利者，义之所不敢出也。

【译文】

"我听说善于开创的不一定善于完成，有好的开端的不一定有好的结局。从前伍子胥的意见被吴王阖闾采纳，因而吴王阖闾的足迹远达郢都。吴王夫差对伍子胥的意见不以为然，赐给伍子胥革囊，让他自杀，把他尸体投入江中。吴王夫差不明白伍子胥先前的意见可以为吴国建立功勋，所以夫差把伍子胥沉入江中而不后悔；伍子胥没有及早觉察出吴王夫差与吴王阖闾两人度量不同，所以伍子胥至死也不改变他的观点。免除杀身之祸，保全功名，以彰明先王的功业，这是我选择的上策；自己遭受诋毁和侮辱，因而毁坏先王的名声，这是我最害怕的。我面临难以预见的后果，侥幸为别国从中谋取利益，从道义上讲，这是我所不能做的。

燕太子丹质于秦（燕策三）

题 解

本篇记述了"荆轲刺秦王"的故事。秦王政十九年（前228），秦军兵临易水，燕国危在旦夕。燕太子丹企图刺杀秦王，造成秦国内乱，以便获得时机，重新组织东方各国，共同抗秦。荆轲刺秦王失败，直接给予了秦国发兵攻打燕国的借口，加速了燕国的覆灭，也加快了秦国统一天下的步伐，在一定程度上推动了历史前进的进程。本篇通过细节描写，出色地刻画了荆轲沉着、英勇、慷慨、豪迈的性格，语言生动，情节感人，是一篇优秀的传记文学作品。荆轲刺秦向人们传达了不愿屈服、敢于抗争的精神，在中国的刺客史上留下了浓墨重彩的一笔，后世很多人因荆轲刺秦之事，产生了尚侠、轻死尚义的精神。

【原文】

燕太子丹质于秦，亡归①。见秦且灭六国，兵以临易水②，恐其祸至，太子丹患之，谓其太傅鞠武曰③："燕、秦不两立，愿太傅幸而图之④。"武对曰："秦地遍天下，威胁韩、魏、赵氏，则易水以北未有所定也⑤。奈何以见陵之怨，欲批其逆鳞哉⑥？"太子曰："然

【译文】

燕太子丹曾经在秦国做人质，后来私自逃了回来。回国后，看到秦国将要灭掉六国，秦军已经迫临易水，大祸就要临头，心里十分忧虑，对太傅鞠武说："燕、秦两国势不两立，希望太傅想想办法。"鞠武回答说："如今，秦国的地盘遍及天下，既已威逼韩、赵、魏三国，那么易水以北也不可能保得住。您为什么因为受欺辱而产生了点怨恨，就要去触怒强暴的秦国呢？"太子问道：

则何由⑦?"太傅曰:"请今图之。"

"既然如此,那该怎么办呢?"太傅说:"让我好好考虑一下。"

注 释

❶燕太子丹:战国末年燕王喜太子。名丹。亡归:逃回。

❷临:迫近。

❸患:担忧。太傅:指太子太傅。掌辅导太子。

❹图:图谋,考虑。

❺易水以北:指燕国的土地。定:安定。此指保住。

❻以:因为。见陵:被欺凌。批:触动。逆鳞:龙身上倒生的鳞片。后因谓臣下直谏触犯君主为"婴逆鳞"。此指不顺从秦国。

❼何由:从何处入手,怎么办。

【原 文】

居之有间,樊将军亡秦之燕,太子容之①。太傅鞠武谏曰:"不可。夫秦王之暴而积怨于燕,足为寒心②,又况闻樊将军之在乎!是以委肉当饿虎之蹊,祸必不振矣③!虽有管、晏④,不能为谋。愿太子急遣樊将军入匈奴以灭口⑤,请西约三晋,南连齐、楚,北讲于单于⑥,然后乃可图也。"太子丹曰:"太傅之计,旷日弥久,心

【译 文】

过了不久,樊将军从秦国逃出,来到燕国,太子收留了他。太傅鞠武劝谏说:"不能这样做。秦王那样残暴,并且对燕国早就怀恨在心,这已经够叫人胆战心寒的了,何况他又听到了樊将军在燕国的消息呢!这简直是把肉放在饿虎经过的小路上,灾祸是定然不能挽救的了!即使有管仲、晏婴那样的人才在世,也想不出什么好办法。希望您赶快打发樊将军到匈奴去,以便消除秦国攻燕的借口,并请联合西边的韩、赵、魏和南边的齐、楚,北边与匈奴君主讲和,然后才可以想办法对付秦国。"太子丹说:

惛然，恐不能须臾⁷。且非独于此也⁸，夫樊将军困穷于天下⁹，归身于丹，丹终不迫于强秦而弃所哀怜之交⑩，置之匈奴，是丹命固卒之时也⑪。愿太傅更虑之⑫。"鞫武曰："燕有田光先生者，其智深，其勇沉，可与之谋也⑬。"太子曰："愿因太傅交于田光先生，可乎⑭？"鞫武曰："敬诺。"出见田光，道太子曰："愿图国事于先生。"田光曰："敬奉教。"乃造焉⑮。

"实现太傅的计划，需要耽搁很长时间，而我心里着实忧闷不堪，恐怕一刻也等不得了。不仅如此，那樊将军受到迫害，走投无路，才来投靠我，我总不能因为受强秦的逼迫就抛弃了我所同情的朋友，如果把他送到匈奴去，我也一定是到了该死的时候了。希望太傅另想别的办法。"鞫武说："我国有位田光先生，他识见高远，勇敢沉着，您可以同他商量商量。"太子说："我想通过太傅同田先生结识，可以吗？"鞫武说："一定遵命。"鞫武出去会见田光，转述太子的话说："愿意同先生商量国家大事。"田光说："一定遵从太子的教导。"于是田光就去拜见太子。

注 释

❶有间：犹"有顷"，不久。樊将军：秦将，名於（wū）期（jī）。容：收容。

❷积：蓄积，怀。寒心：战栗，恐惧。

❸是：这。委：弃，扔。蹊：小路。振：救。

❹管：管仲。晏：晏婴，亦称"晏子"。春秋时齐国大夫。字平仲，夷维（今山东高密）人。齐灵公二十六年（前556），其父晏弱死，继任齐卿，历仕灵公、庄公、景公三世。

❺匈奴：亦称"胡"。古族名。以畜牧为主，逐水草而居。战国时活动于燕、赵、秦以北地区。灭口：此指消除秦国进攻燕国的借口。

❻三晋：指韩、赵、魏三国。讲：讲和。单（chán）于：匈奴最高首领的称号。

⑦旷日：空费时日。弥久：长久。惛（mèn）然：忧思烦闷的样子。惛，通"闷"，烦闷。须臾：一会儿。
⑧独：仅。于：犹"如"。
⑨困穷：处境艰难窘迫。
⑩哀怜：同情。交：指朋友。
⑪置：安置。固：必，一定。卒：尽。
⑫更：另，另外。
⑬谋：谋划。
⑭因：通过。
⑮造：到。

【原文】

　　太子跪而逢迎，却行为道，跪而拂席①。田先生坐定，左右无人，太子避席而请曰②："燕、秦不两立，愿先生留意也③。"田光曰："臣闻骐骥盛壮之时，一日而驰千里，至其衰也，驽马先之④。今太子闻光壮盛之时，不知吾精已消亡矣⑤。虽然，光不敢以乏国事也⑥。所善荆轲可使也⑦。"太子曰："愿因先生得交于荆轲⑧，可乎？"田光曰："敬诺。"即起，趋出⑨。太子送之至门，戒曰："丹所报先生，所言者，国大事也，愿先

【译文】

　　太子亲自出来跪着迎接他，然后又倒退着替田光引路，还跪着为他拂拭座席。田光坐好了，左右的人都走开了，太子就离开座席向田光请教，说："燕国同秦国势不两立，希望您留心想想办法。"田光说："我听说千里马在年轻力壮的时候，一日千里，可是到它衰老了，劣马也能跑在它前头。现在您知道的是我年轻力壮时候的情形，却不知道我的精力早已消磨光了。虽然如此，我也不敢舍弃国家大事不管。我的好友荆轲是个可以任用的人。"太子说："我希望通过您同荆轲结识，行吗？"田光说："好。"接着就站起来，快步走了出去。太子送他到门口，叮嘱他说："我所告诉您的

生勿泄也。"田光俯而笑曰⑩:"诺。"

话,都是国家大事,希望您别泄漏。"田光低头一笑,说:"好。"

注 释

❶逢迎:此指迎接。却行:倒退着走,表示恭敬。道:通"导",引领。拂(fú):拂拭。

❷避席:离开自己的座席,以示恭敬。

❸留意:留心,注意。

❹先:跑在前面。

❺精:精力。

❻以:因。乏:荒弃,耽误。

❼使:使用,任用。

❽交:结交。

❾趋:快走。

❿俯:低头。

【原 文】

偻行见荆轲曰①:"光与子相善②,燕国莫不知。今太子闻光壮盛之时,不知吾形已不逮也③。幸而教之曰④:'燕、秦不两立,愿先生留意也。'光窃不自外⑤,言足下于太子,愿足下过太子于宫⑥。"荆轲曰:"谨奉教⑦。"田光曰:"光闻长者

【译 文】

田光弯着腰走到荆轲那里,对荆轲说:"我同您交好,燕国人没有不知道的。现在太子只知道我年轻力壮时的情形,却不知道我的体力已经不行了。我荣幸地听到太子开导我说:'燕国同秦国势不两立,希望您想想办法。'我自以为和您不见外,就把您推荐给太子了,希望您到宫里去拜访太子。"荆轲说:"遵命。"田光说:"我听说年高有德的人做事,应该不让别人对他有什么怀疑,如

之行⑧，不使人疑之，今太子约光曰⑨：'所言者，国之大事也，愿先生勿泄也。'是太子疑光也。夫为行使人疑之⑩，非节侠士也⑪。"欲自杀以激荆轲⑫，曰："愿足下急过太子⑬，言光已死，明不言也⑭。"遂自刭而死⑮。

今太子却告诫我说：'讲的都是国家大事，希望您不要泄露。'这分明是太子怀疑我。如果做事让别人怀疑，就不能算是一个有节操、讲义气的人。"田光想以自杀来激励荆轲，就说："希望您赶快去拜访太子，就说我已经死了，用以表明我决不向别人泄露秘密。"说完就自刎而死了。

注释

❶偻行：弯着腰走路，形容老人走路的样子。

❷相善：彼此交好。

❸形：形体，指体力。逮（dài）：及，到。

❹幸：荣幸。

❺不自外：不把自己看成外人。

❻足下：敬辞。古代下称上或同辈相称都用"足下"。过：访。

❼谨：敬辞。

❽长者：指年高有德的人。

❾约：约束。此指告诫。

❿为行：指做事。

⓫节侠士：有节操、讲义气。

⓬激：激励。

⓭过：拜访。

⓮明：表明。

⓯刭：割颈。指自刎。

【原文】

轲见太子，言田光已死，明不言也。太子再拜而跪，膝行流涕①，有顷而后言曰："丹所请田先生无言者，欲以成大事之谋。今田先生以死明不泄言，岂丹之心哉？"荆轲坐定，太子避席顿首②，曰："田先生不知丹不肖，使得至前，愿有所道，此天所以哀燕而不弃其孤也③。今秦有贪饕之心④，而欲不可足也。非尽天下之地，臣海内之王者，其意不餍⑤。今秦已虏韩王，尽纳其地⑥，又举兵南伐楚，北临赵⑦。王翦将数十万之众，临漳、邺⑧，而李信出太原、云中⑨。赵不能支秦，必入臣⑩，入臣则祸至燕。燕小弱，数困于兵⑪，今计举国不足以当秦。诸侯服秦，莫敢合从⑫。丹之私计⑬，愚以为诚得天下之勇士使于秦，窥以重利，秦王贪其贽⑭，必得所愿矣。诚得劫秦王，使悉反诸侯之侵地，若

【译文】

荆轲去见太子，说田光为了证明自己没有泄密，已经自杀了。太子拜了两拜，流着泪跪着向前走，过了一会儿才说："我所以请先生不要泄露的意思，是为了完成一件大事。现在田先生以死来表明自己不泄密，这哪里是我的本意呢？"荆轲坐好了，太子就离开座席给荆轲磕头，说："田先生不知道我无能，让我能够在您跟前，说出我的心里话，这是老天哀怜燕国而不抛弃它的后人啊。现在秦国贪得无厌，不占尽天下的土地，使天下的诸侯向秦国称臣，秦国的欲望是不会满足的。如今秦国已经俘虏了韩王，占领了韩国全部的土地，又派兵南下攻打楚国，北上威逼赵国。王翦统帅几十万大军，已经到达漳河、邺城一带，李信又出兵太原、云中一带。赵国抵抗不了秦军，一定会向秦国投降，赵国一投降，灾祸就轮到燕国了。燕国弱小，又屡次遭受战争的蹂躏，现在仔细想想，就算是动员全国的力量也不足以抵抗秦国。诸侯又都向秦国屈服，没有谁敢联合起来反抗秦国。我个人的想法，如果能找到一个天下最勇敢的人，让他出使秦国，以贵重的礼物引诱秦王，秦王一定会贪图那份重礼，这样一定能够达到我们的目的了。如果能够趁机挟制秦王，使他全部归还从各国侵占去的土地，像

曹沫之与齐桓公[15]，则大善矣；则不可[16]，因而刺杀之。彼大将擅兵于外[17]，而内有大乱，则君臣相疑，以其间诸侯得合从[18]，其破秦必矣。此丹之上愿，而不知所以委命[19]，唯荆卿留意焉。"久之，荆轲曰："此国之大事也，臣驽下[20]，恐不足任使。"太子前顿首，固请无让，然后许诺。于是尊荆轲为上卿[21]，舍上舍，太子日日造问，供太牢[22]，具异物，间进车骑美女，恣荆轲所欲[23]，以顺适其意。

曹沫对待齐桓公那样，那是最好不过了；要是他不答应，那就趁机刺杀他。那些秦国的大将都在外领兵，一旦国内出了乱子，君臣之间就会互相猜疑，我们就趁机联合起来反抗秦国，那就一定能打败秦国了。这是我的最大愿望，可是不知道把这个使命交给谁好，所以只有请您多加费心。"过了好大一会儿，荆轲说："这是国家大事，我愚钝无能，恐怕担当不了这个使命。"太子走上前去磕头，再三请他不要推辞，荆轲这才答应了。于是太子丹尊荆轲为上卿，请他住上等的宾馆，天天到住所问候，供给他上等的饮食，给他采办各种珍奇的东西，还不断送上车马、美女，荆轲的要求无不得到满足，以使他顺心如意。

注 释

❶膝行：用膝盖向前走动。

❷顿首：古时一种跪拜礼，头叩地而拜。

❸哀：同情，怜悯。

❹贪饕：形容极度贪婪。

❺餍：满足。

❻虏：俘虏韩王安。纳：接纳，占领。

❼临：迫近。

❽王翦（jiǎn）：战国末秦将。频阳（今陕西富平东北）人。少好军事，后得秦王政重用。先后率军攻破赵国、燕国和攻灭楚国，为统一六国立下大功。后封武成侯。漳：水名。邺：古都邑名。在今河北临漳。

⑨李信：战国末秦将，以功封陇西侯。太原：郡名。战国秦庄襄王三年（前247）置郡。治晋阳（今太原西南古城营）。云中：郡名。战国赵武灵王置。秦治云中（今内蒙古自治区托克托县东北古城镇）。

⑩支：支撑，犹言"抵抗"。入臣：入秦称臣，指投降。

⑪数：屡次。困于兵：为战争所困扰。

⑫从：通"纵"。

⑬计：计谋。

⑭使：出使。窥：此指引诱。贽：初次见人时所送的礼物。

⑮劫：胁迫。曹沫：春秋时鲁国武士。鲁庄公十三年（前681）齐君与鲁君在柯（今山东阳谷东北）相会，他持剑相从，挟持齐君订立盟约，收回失地。

⑯则：如果。

⑰擅兵：掌握兵权。

⑱间：间隙。

⑲上愿：最大愿望。委：委托。

⑳驽下：谓资质驽钝，才能低下。

㉑上卿：古代官名。周制天子及诸侯皆置卿。春秋初年卿仅有上、下之别，后来分为上、中、下三等。上卿位次于公，居卿之首。

㉒太牢：亦作"大牢"。古代帝王、诸侯祭祀社稷时，牛、羊、豕三牲全备为"太牢"。

㉓恣：任凭。

【原文】

久之，荆卿未有行意。秦将王翦破赵，虏赵王，尽收其地，进兵北略地，至燕南界①。太子丹恐惧，乃请荆卿曰："秦兵旦暮渡易水，则虽欲长侍足下，岂可得

【译文】

过了好久，荆轲还没有动身的意思。这时，秦国的大将王翦攻破了赵国，俘虏了赵王，占领了赵国的全部领土，军队又向北挺进，掠取土地，已经到了燕国的南部边界。太子丹非常害怕，就对荆轲说："秦军早晚间就要渡过易水了，我虽然想长期地侍奉您，可是这怎么可能呢？"荆

哉②?"荆卿曰:"微太子言,臣愿得谒之。今行而无信,则秦未可亲也③。夫樊将军,秦王购之金千斤④,邑万家。诚能得樊将军首与燕督亢之地图献秦王⑤,秦王必说见臣,臣乃得有以报太子。"太子曰:"樊将军以穷困来归丹,丹不忍以己之私而伤长者之意。愿足下更虑之。"

轲说:"即使太子不说,我也想请示您了。如果我现在空手前去而没有什么信物,那就无法接近秦王。如今秦王以一千斤黄金和一万户封邑悬赏樊将军。如果能得到樊将军的头和燕国督亢地区的地图奉献给秦王,秦王一定乐意接见我,那我就有法报答太子了。"太子说:"樊将军因为在秦国受迫害,走投无路,才来投靠我,我不忍心为了个人的私利而做出对不起樊将军的事,从而辜负了他来投奔我的一番心意。希望您另想办法吧。"

注释

① 界:边界。
② 岂:怎么。
③ 微:没有。谒:拜见,请见。信:信物。亲:亲近,接近。
④ 购:悬赏。
⑤ 督亢:古地名。在今河北涿州东。战国时为燕国著名富饶地带。

【原文】

荆轲知太子不忍,乃遂私见樊於期①,曰:"秦之遇将军②,可谓深矣,父母宗族皆为戮没③。今闻购将军之首,金千斤,邑万家,将奈何?"樊将军仰天太息流涕曰④:

【译文】

荆轲知道太子不忍心这样做,就私自去见樊於期,说:"秦国对待将军可以说是太残酷了,杀了您的父母,灭了您的宗族。现在听说秦王拿一千斤金和一万户封邑悬赏您的头,您打算怎么办呢?"樊於期仰天长叹,泪流满面,说:"我一想到这个,就恨之入骨,只是想

"吾每念，常痛于骨髓，顾计不知所出耳⑤。"轲曰："今有一言可以解燕国之患，而报将军之仇者，何如？"樊於期乃前曰："为之奈何？"荆轲曰："愿得将军之首以献秦，秦王必喜而善见臣，臣左手把其袖，而右手揕其胸⑥，然则将军之仇报，而燕国见陵之耻除矣。将军岂有意乎？"樊於期偏袒扼腕而进曰⑦："此臣日夜切齿拊心也⑧，乃今得闻教。"遂自刎。太子闻之，驰往，伏尸而哭，极哀。既已无可奈何，乃遂收盛樊於期之首，函封之⑨。

不出什么报仇的办法来。"荆轲说："我现在有一个办法，既可以解救燕国的危难，又可以报您的仇恨，您看怎么样？"樊於期走向前说："该怎么办呢？"荆轲说："希望能得到您的头献给秦王，秦王一定乐于接见我，到那时，我就左手扯住他的衣袖，右手用短剑刺他的胸膛，这样您的仇就报了，燕国受欺侮的耻辱也洗了。将军有这个意思吗？"樊於期褪下一只袖子，露出胳膊，一只手握住另一只手腕，向前跨了几步说："这正是我日夜切齿、捶胸而悲愤难忍的事，今天才得到您的指教。"说完就拔刀自刎了。太子听到了这个消息就急忙乘车赶去，伏在尸体上大哭，极为哀恸。可是人死了，事情已无可挽回了，就把樊於期的头盛在匣子里封起来。

注释

❶私：私下。

❷遇：对待，待遇。

❸戮没：杀戮。

❹太息：大声叹息。

❺顾：只是，不过。计：计策，办法。

❻揕（zhèn）：用刀剑等刺。

❼偏袒：露出一只胳膊。袒，裸露。扼腕：用手握腕。表示激动、振奋或惋惜。扼，握。

❽拊（fǔ）心：捶胸口，表示哀痛或悲愤。

⑨函：匣子。

【原文】

于是太子预求天下之利匕首，得赵人徐夫人之匕首，取之百金①，使工以药淬之②，以试人，血濡缕人无不立死者③。乃为装遣荆轲④。燕国有勇士秦武阳，年十二杀人，人不敢忤视⑤，乃令秦武阳为副⑥。荆轲有所待，欲与俱，其人居远未来⑦，而为留待。顷之未发⑧，太子迟之，疑其改悔，乃复请之曰："日以尽矣⑨，荆卿岂无意哉？丹请先遣秦武阳。"荆轲怒叱太子曰："今日往而不反者，竖子也⑩！今提一匕首入不测之强秦，仆所以留者，待吾客与俱，今太子迟之，请辞决矣⑪！"遂发。

【译文】

这时，太子丹已预先在各地访求最锋利的匕首，结果得了赵国徐夫人的一把匕首，用百斤黄金买下来，叫工匠用毒药水浸过，拿它试验了一下，只要人身上被刺破一点儿，见到一丝血，那人没有不马上死去的。于是太子丹就给荆轲准备行装，要送荆轲上路。燕国有个叫秦武阳的勇士，十二岁时就杀过人，人们都不敢迎面而视，太子丹就派秦武阳做荆轲的助手。荆轲正等一个人，想同他一起去，可是那人住在远处，还没来到，荆轲还想再等一等。过了些时候，荆轲还没动身，太子丹就嫌他走得晚了，疑心他改了主意，又去催促他说："已经没有多少日子了，难道您没有去秦国的意思了吗？让我先打发秦武阳动身吧。"荆轲听了很生气，呵叱太子说："我这次去了如果回不来的话，那就是因为这小子！我今天只拿着一把匕首到凶险莫测的秦国去，我之所以暂时不动身，为的是等着我的一个朋友一起去，现在您怪我行动迟缓，那就让我这样告别动身吧！"接着荆轲就出发了。

注 释

❶ 取：指买取。

❷ 药：指毒药。淬：浸。

❸ 濡缕：沾湿一缕。形容沾湿范围极小。濡，沾湿。立：立即。

❹ 为装：准备行装。遣：送。

❺ 忤视：正面看，面对面看。

❻ 副：助手。

❼ 居：住处。

❽ 发：出发。

❾ 日以尽矣：指秦军马上就要打来。

❿ 不反：回不来。此指刺秦王失败。竖子：犹"小子"。对人的鄙称。

⓫ 辞决：辞别。

【原文】

太子及宾客知其事者，皆白衣冠以送之①。至易水上，既祖②，取道。高渐离击筑，荆轲和而歌，为变徵之声③，士皆垂泪涕泣。又前而为歌曰："风萧萧兮易水寒④，壮士一去兮不复还！"复为慷慨羽声，士皆瞋目⑤，发尽上指冠。于是荆轲遂就车而去，终已不顾⑥。

【译文】

太子丹和门客中知道这件事的人，都穿戴着白色的衣帽来给荆轲送行。到了易水边上，祭过了路神，就要上路。高渐离击起筑来，荆轲和着筑声歌唱，发出悲切凄凉的声调，人们听了都掉下泪来。荆轲又走上前唱道："风萧萧兮易水寒，壮士一去兮不复还！"接着又唱出悲壮激昂的歌声，激励得人们怒目圆睁，连头发都竖起来顶着帽子。于是荆轲就上车走了，始终没回头看一下。

注 释

❶白衣冠：白衣白帽。白衣冠本是丧服，穿丧服送行，一方面是因为知道荆轲难以回国，另一方面也有激励他的意思。

❷既：已经。祖：指祭路神。

❸高渐离：战国末燕国人。以屠狗为业，擅击筑（古乐器），与荆轲友善。筑：击奏弦鸣乐器。"八音"属"丝"。琴体狭长，木质，张5根弦，用竹棒击奏。变徵（zhǐ）：中国古代七声音阶中的第四音级。比"徵"低小二度，其音凄厉悲切。

❹萧萧：形容风声。

❺瞋目：睁大眼睛。

❻终已：始终。

【原文】

既至秦，持千金之资币物，厚遗秦王宠臣中庶子蒙嘉①。嘉为先言于秦王曰："燕王诚振怖大王之威，不敢兴兵以逆军吏②，愿举国为内臣，比诸侯之列，给贡职如郡县③，而得奉守先王之宗庙。恐惧不敢自陈，谨斩樊於期头及献燕之督亢之地图，函封，燕王拜送于庭，使使以闻大王，唯大王命之。"

【译文】

荆轲到秦国后，就拿着价值千金的厚礼送给秦王的宠臣中庶子蒙嘉。蒙嘉就预先在秦王面前说："燕王实在是害怕大王的威势，不敢发兵抗拒大王，情愿让全国上下都做大王的臣民，与其他降服的诸侯一样，并像秦国的郡县一样纳贡，只求能保全先王的宗庙就行了。他很害怕大王，不敢亲自来面陈，特地斩下樊於期的头，并愿献上燕国督亢的地图，封装在匣子里，燕王在朝堂上举行了隆重的拜送仪式，派遣使者来禀告大王，现在使者已来到，恭候大王的吩咐。"

注释

❶遗（wèi）：赠送。中庶子：战国时各国国君、太子、相国的侍从之臣。蒙嘉：一说为蒙恬之弟。

❷振怖：惊惧。兴：起，动。

❸举：全。贡职：贡品。

【原文】

秦王闻之，大喜，乃朝服，设九宾，见燕使者咸阳宫①。荆轲奉樊於期头函，而秦武阳奉地图匣，以次进至陛下②。秦武阳色变振恐③，群臣怪之。荆轲顾笑武阳，前为谢曰："北蛮夷之鄙人④，未尝见天子，故振慑，愿大王少假借之⑤，使得毕使于前。"秦王谓轲曰："起，取武阳所持图。"轲既取图奉之⑥。秦王发图，图穷而匕首见⑦。因左手把秦王之袖而右手持匕首揕之⑧。未至身，秦王惊，自引而起，绝袖⑨。拔剑，剑长，掺其室⑩。时惶急，剑坚⑪，故不可立拔。荆轲逐

【译文】

秦王听到了这件事，高兴极了，就穿了朝服，用最隆重的外交礼节，在咸阳宫接见燕国使者。荆轲捧着装了樊於期头的匣子，秦武阳捧着装了地图的匣子，一前一后地往前走。到了台阶前，秦武阳吓得变了脸色，大臣们感到很奇怪。荆轲看到这种情形，回过头来对武阳笑了笑，又向前对秦王赔罪说："我们北方荒僻地方的人，从来不曾见过天子，所以吓成这个样子，希望大王对他稍加宽容，让他能在您面前完成他的使命。"秦王对荆轲说："起来吧，把武阳手里的地图拿过来。"荆轲拿过地图献给秦王。秦王打开地图，地图全展开了，藏在地图里的匕首就露了出来。荆轲就趁势左手扯住秦王的袖子，右手握着匕首向他刺去。不料没有刺中，秦王大吃一惊，从座位上跳了起来，把衣袖也挣断了。秦王又急忙拔佩剑，可是剑身太长，又在剑鞘里卡得很紧，所以一下子拔不出

秦王，秦王还柱而走[12]。群臣惊愕，卒起不意，尽失其度[13]。而秦法，群臣侍殿上者，不得持尺寸之兵[14]。诸郎中执兵皆陈殿下[15]，非有诏不得上。方急时，不及召下兵，以故荆轲逐秦王，而卒惶急无以击轲，而乃以手共搏之[16]。是时，侍医夏无且以其所奉药囊提轲[17]。秦王之方还柱走，卒惶急不知所为，左右乃曰："王负剑[18]！王负剑！"遂拔剑击荆轲，断其左股[19]。荆轲废，乃引其匕首提秦王[20]，不中，中柱。秦王复击轲，轲被八创。轲自知事不就，倚柱而笑，箕踞以骂曰[21]："事所以不成者，乃欲以生劫之，必得约契以报太子也[22]。"左右既前斩荆轲，秦王目眩良久。已而论功赏群臣及当坐者[23]，各有差。而赐夏无且黄金二百镒，曰："无且爱我，乃以药囊提荆轲也。"

来。荆轲追赶秦王，秦王就绕着柱子跑。大臣们都惊呆了，因为事情发生得太突然，大家都吓得失去了常态。而按照秦国的制度，在殿上陪侍君王的大臣，一律不得携带任何武器。那些拿着武器的警卫又都站在殿阶下，没有君王的命令不得擅自上殿。秦王正在危急时候，也顾不得召唤武官们上来，这样荆轲就在殿上追赶秦王，而大臣们只是着急，没有武器来对付荆轲，只好徒手同他拼斗。这时候，秦王的随从医官夏无且就拿他手里的药袋子向荆轲掷去。秦王正在绕着柱子跑，又惶恐又着急，不知该怎么办才好，两旁的人对他喊道："大王把剑推到背上去！大王把剑推到背上去！"秦王这才把剑推到背上去，抽出剑向荆轲砍去，砍断了他的左腿。荆轲受伤倒地，只好举起匕首投过去，可是没有击中，扎到了柱子上。秦王又砍荆轲，荆轲被砍伤了八处。荆轲知道大事不能成功了，就倚着柱子大笑，又开两腿坐在地上，骂道："大事没有成功，只是因为我原来想要活捉你，让你退还侵地，好向太子回报。"旁边的人一拥而上，杀死了荆轲，秦王头晕目眩了好久。事后，秦王评定大臣们的功过，分别赏赐或处罚他们。秦王赏赐给夏无且二百镒黄金，说："无且爱我，他才会拿药袋投击荆轲。"

注 释

❶九宾：古代朝会大典设"九宾"。一说指公、侯、伯、子、男、孤、卿、大夫、士。咸阳宫：秦宫名。项羽屠咸阳，悉付一炬。故址在今陕西咸阳北。

❷次：按次序。

❸振恐：震惊，恐惧。

❹蛮夷：旧时泛称四方的少数民族。

❺假借：此指宽容。

❻奉：献。

❼穷：尽。见：通"现"。

❽揕（zhèn）：用刀剑等刺。

❾绝：断。

❿摻（shǎn）：操，持。室：此指剑鞘。

⓫坚：固。此处犹言"紧"。

⓬走：跑。

⓭卒：通"猝"，突然。度：常态。

⓮尺寸之兵：短小的兵器。

⓯郎中：官名。战国时为郎官通称。侍从君主左右，参与谋议，执兵宿卫。执：持。

⓰搏：搏斗。

⓱夏无且：秦王的随从医官。提（dǐ）：掷击，投击。

⓲负剑：把剑推到背上，易于拔出。

⓳股：大腿。

⓴废：跌倒，倒下。引：犹"举"。

㉑箕踞：坐时两腿伸直张开，形似簸箕。一说屈膝张足而坐。为一种轻慢姿态。

㉒生劫：指活捉。报：回报。

㉓当坐者：依法治罪的人。坐，定罪。

【原文】

于是秦大怒燕，益发兵诣赵①，诏王翦军以伐燕。十月而拔燕蓟城②。燕王喜、太子丹等皆率其精兵东保于辽东③。秦将李信追击燕王。王急，用代王嘉计④，杀太子丹，欲献之秦。秦复进兵攻之。五岁而卒灭燕国而虏燕王喜⑤。秦兼天下⑥。

【译文】

于是秦王对燕国很恼火，就增派军队赶赴赵国旧地，并命令王翦的部队去攻打燕国。秦王政二十一年十月攻下了燕都蓟城。燕王喜、太子丹等人都带领着他们的精锐部队退守辽东。秦将李信继续追击燕王。形势十分危急，燕王喜就采用代王嘉的计策，杀死了太子丹，想把他献给秦国求和。可是秦国仍进兵攻燕。过了五年，秦国终于灭了燕国，活捉了燕王喜。于是，秦国吞并了天下，统一了六国。

注释

❶诣（yì）：往。
❷十月：秦王政二十一年（前226）十月。蓟城：燕国国都。故址在今北京市西城区南。
❸保：据守。
❹代王嘉：赵悼襄王嫡子。赵国灭亡，赵王迁被虏，公子嘉自立为王。
❺灭燕国：秦王政二十五年（前222），秦灭燕。
❻秦兼天下：秦王政二十六年（前221），秦兼并天下，秦王称始皇帝。

【原文】

其后荆轲客高渐离以击筑见秦皇帝①，而以筑击秦皇帝，为燕报仇，不中而死。

【译文】

后来荆轲的朋友高渐离因擅长击筑被秦始皇召见，他就拿筑猛击秦始皇，想为燕国报仇，可惜没有击中，被秦始皇杀害了。

注 释

❶高渐离：秦朝建立后，变姓改名，为人佣保。秦始皇闻其善击筑，命人熏瞎其目，使击筑。他在筑内暗藏铅块，扑击始皇不中，被杀。详见《史记·刺客列传》。